医学部受験 必勝のメンタリティー

小林真也

はじめに

　はじめまして、小林真也です。本書を手にとっていただき、ありがとうございます。

　この本は、タイトルの通り、医学部や東大、京大などの難関大学受験の必勝の勉強法やメンタリティーについて書きました。

　私は受験に精神論を持ち出すのはナンセンスだと思っています。よく模試の点数の良かった人が、本番の入試で失敗すると、「あいつは本番に弱い」とか「気の小さなやつだからなあ」なんて言われたりしますが、そんなことはありません。受験で受かるのには受かるなりの理由があるし、落ちるにも落ちるなりの理由があるのです。それを「気が小さい」なんて本人の人格に欠けた部分があるように言っても、なんの問題解決にもならないし、言われた本人もどうすればいいか、困ってしまうことでしょう。

　ただし、受験で合格するためには必要な知識を得るだけの勉強が必要であることは間違いありません。医学部や東大に合格するには、少なくとも数カ月以上の勉強が必要でしょう。したがって、自分に何が必要であるかを選別し、勉強を継続していくためのメンタリティーにつ

いても、考えていかねばなりません。

　しかし、私がここで言うメンタリティーとはありがちな人格攻撃につながりかねない精神論や、根性論といったものとは全く異なるものです。本書を読み終わるころには、そのことがよくわかっていただけると思っています。

　本書は、以下のような人に読んでもらいたいと思います。
①東大・京大・医学部などの難関大学を受験する人
②今の自分の成績と、目標との差に不安を感じている人
③学校や予備校の授業が、物足りないと感じている人
④合理的な勉強法を身につけ、目標を達成したい人
⑤逆転合格を狙っている人
　この本が皆さんのお役に立つことを、心から願っています。

小林真也

目 次
CONTENTS

はじめに

第1章　私の医学部受験体験談　　9

- ❶ 私が医学部受験を決意するまで
- ❷ 志望校選び
- ❸ 周囲の反応
- ❹ 勉強開始
- ❺ 1回目の模試
- ❻ 2回目の模試
- ❼ センター試験①
- ❽ センター試験②
- ❾ 二次試験
- ❿ 合格発表

第2章　必勝のメンタリティー　　45

- ❶ まずは目標を決める
- ❷ 消去法で目標を決めるな！
- ❸ 他人の言うことには耳を貸さない
- ❹ 戦略を決める

❺勉強のペースの設定

❻努力ではなく、行動

❼緊張するのはいいこと

❽「本番に弱い」はウソ

❾とにかく自分を信じる

第3章　必勝の勉強法　　81

❶まずは全体像をつかむ

❷つながりで知識を増やす

❸休息のとり方

❹教材の選び方

❺教材の使い方

❻センター対策と二次対策

❼科目別攻略法①英語

❽科目別攻略法②数学

❾科目別攻略法③理科（化学・生物）

❿科目別攻略法④国語

⓫とにかくやってみる！

⓬紹介した教材のリスト

第4章　受験生へのメッセージ　　131

❶ 広い視野で考える

❷ 幸せとは何か？

❸ 高い理想をもつ

❹ 常識を疑う

❺ 幅広く知識を吸収する

❻ 「感謝しなさい」はおかしい

❼ 受験は早くクリアしてほしい

❽ 今こそ新しい価値観が必要

あとがき

第1章

私の医学部受験体験談

医学部合格までの記録

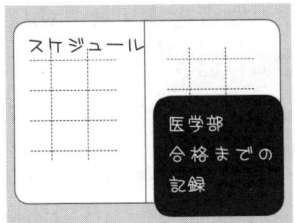

① 私が医学部受験を決意するまで

まず、第1章では私の自己紹介を兼ねて、私の医学部受験体験記を書きたいと思います。受験のノウハウを早く知りたい人は、読み飛ばしてもらってもかまいません。

私の経歴は、以下の通りです。
'04年3月　　高校卒業
'05年4月　　一浪後、広島大学生物生産学部入学
'09年3月　　卒業
'09年4月　　札幌学院大学大学院臨床心理学研究科
'10年10月　　中退し、医学部受験を決意
'11年4月　　札幌医科大学医学部医学科入学

　変わった経歴かもしれませんが、要点を書くと、私は2010年10月までは私大文系の大学院に通っていましたが、諸般の事情から大学院を辞め、それから数カ月の勉強で公立の医学部に合格することができました。

先ほどは「諸般の事情から」と書きましたが、医学部受験を決意した理由は、私はもともと親が医者だったのですが、高校時代、浪人時代は成績が今一つでした。それで医学部には入らずに、一人暮らしのできる大学を選んで通ったのですが、休暇中など実家に帰るたびに、「お前みたいに受験勉強もできなかったやつに、大したことなんてできない」「このままいけば、低所得者の仲間入りだな」と心ない言葉を投げつけられ、非常にコンプレックスを抱えていました（もっとも、親は親なりに心配してくれていたのだとは思いますが……）。

私も何年か一人暮らしをして、自分なりにいろいろな経験はしていたものの、このコンプレックスが常に心の片隅にありました。

ちょうど、私が医学部受験を決意した'10年10月ごろは、就職活動もうまくいかず、将来について悩んでいた時期でした。それで、悩んだ末に出した結論は「まずは、このコンプレックスを乗り越えてみよう。まずはそこからだ。自信がないままに何かをしても、きっとうまくはいかないだろうから」というものでした。

そう思って、大学入試センターのホームページを見てみると、出願の期限まであと10日ほどあるではありませんか！思い立ったら後は早くて、次の日には当時通っていた大学院を辞め、受験に向けて準備を始めました。繰り返しになりますが、'10年10月、センター試験まで残り3カ月、二次試験まで4カ月のときでした。

② 志望校選び

さて、医学部を受験することに決めた私でしたが、医学部といっても国公立や私立もふくめて、全国に80('10年2月時点)もあります。まずはどこを受験するか、それを決めねば話になりません。結論から言うと、私は札幌医科大学を受験することにしました。私はそのとき札幌に住んでいたので、近くを何度か通ったこともあったし、通っていた大学院の教授にも札幌医科大学出身の先生が何人かおられて、親近感があったからです。公立だからお金もかからないし、何より道外（北海道の外のこと）に出ると時間や手間もかかる。その時間や労力も惜しいという心境でした。

とはいえ、国公立の医学部となると、東大の理Ⅲや旧帝大は別格にしても、それ以外の大学も東大理Ⅰに匹敵する難関です。そんなことはわかってはいたのですが、代々木ゼミナールのランキングで
「札幌医科大学医学部医学科」
センター得点率88％　二次試験偏差値66

という数字を見て、愕然としました。

なにせ、最初に広島大学を受験したときの私の実力は、センター70％、偏差値50台というありさまで、しかもそれ以来大学受験の勉強からは全く遠ざかっていたのですから……。

でも、大学院も辞めてしまって後には引けません。滑り止めで私大を受けようという発想もありませんでした。そんなことをする余裕があるなら、全力で志望校にかけよう、そう思っていました。

一応すぐに赤本を買って軽く見てみたのですが、当然のことながらさっぱりわかりませんでした。

周囲の反応

　少し話が前後しますが、私が医学部受験を決意したときの周囲の反応についてです。電話で両親に話したところ、「そんなこと無理に決まっている。ただでさえ年を取っているし、昔よりも記憶力も落ちているだろう。もともとの自分の能力を考えてみなさい」と言われました。

　ほかに何人か親しかった友人にも話してみましたが、「なんでそんな無茶をするんだよ。もっと早く話してくれたら相談に乗ったのに」「厳しいとは思うけど、まあ頑張れよ」みんなこのような感じで、手放しで「それは素晴らしい挑戦だ。やれるだけやってみたら」と賛同してくれた人は誰一人としていませんでした。本当に「誰一人として」です。

　私は少し悲しくなりました。「自分はそんなにダメな奴だと思われていたのか……」と。信頼していた両親や友人がこの調子だったのですから、なおさらです。私は人間の本質を垣間見てしまったのかもしれません。どういうことかという

と、大半の人間は、無自覚なままに「自分はこうあるべきだ」という枠組みの中に押し込めて、不十分な生き方をしているということです。

　例えば、子供のころから「お前は運動はだめだが勉強ができる」と言われて育った人が、スポーツ選手になるということはまずないでしょう。同様に「俺は頭は良くないが体力はある」と思っている人が、40歳くらいになって、それまでやってきた肉体労働がきつくなってきたから勉強して頭脳労働に切り換えるということも、まずないでしょう。

　「どうせ自分は今までも〜だったから無理だ」「俺は頭悪いから、そんなこと今さらやれやしないさ」こういう言葉は皆さんもよく耳にするのではないかと思います。

　しかし、誰しも本当はもっとこうしたいという気持ちは心の底にはあるはずなのです。「お前は運動はダメだが」と言われて育った人の場合なら、「スポーツマンになってモテたい」ということかもしれないし、肉体労働がきつくなった中年男性なら「もっと給料が良くて、身体的に楽な仕事につきたい」ということかもしれません。みんなそういった気持ちにふたをすることに慣れてしまっているのです。「もう年だ

から」「そんなことをしたら家族、会社に迷惑がかかる」「時間がないから」……こういう言葉が、単に自分の作った枠にすぎないと気づいている人がどれだけいるのでしょうか？
何も、みんな真面目すぎるんだとか、そういう話をしているのではありません。

　長くなってしまいましたが、要は私の言いたいことは、ほとんどの人は心の底では「本当はこんなはずじゃないのに」と思いながら不十分な生き方をしているから、その枠からはずれようとする人がいると「そんなことうまくいくわけがない」「バカなことはやめとけ」という反応になるということです。私からすれば、現状に不満を抱えながらも変えようとしないほうが「バカ」だと思いますが（笑）、とにかく99％の人がこうだということは、受験に限らず、これから多くのチャンスをつかもうとされる皆さんには、肝に銘じておいてほしいことだと思います。

❹ 勉強開始

目標と現状の学力とのギャップ、そして周囲の冷ややかな反応……まさに四面楚歌という状況ではありましたが、とにもかくにも勉強を始めねばなりません。センターまですでに残り100日を切っていました。

でも、どうするか？ 独学でやろうにも、もともと東大や京大の出身で受験勉強のベースがあるというわけでもなく、急な思いつきで決めたようなもので、医学部受験に関する情報があるわけでもない。だからと言って予備校へ通うにしても、今さら受け入れてくれるかもわからないし、お金もかかる。

悩んだ私は、とりあえず高校時代の友人で、東大に入学した人がいたので、電話で相談してみることにしました。事情を話して、「こういうわけで困っているのだが、何かいい参考書とか知っていたら教えてくれないか？」と尋ねたところ、「持つべきものは良き友」のことわざ通り、エール出版社の

荒川英輔著『医学部再受験　成功する人・ダメな人』という本を教えてくれました。

　エール出版社の受験本の読者の方ならご存知の方も多いとは思いますが、この本は全国の医学部の受験科目や配点から、勉強方法や本番の心得にいたるまで、かなり広範かつ詳細な情報が詰め込まれた、まさに「医学部受験の羅針盤」とでも言うべき本です。迷える子羊であった私にとって最も読むべき本であり、この本を私に勧めてくれた友人がいなければ、私が合格することもなかったでしょう。本の著者の荒川氏と、本を紹介してくれた友人には、この場を借りて深く感謝を申し上げたいと思います。また今こうして私がエール出版社から本を出版していただけることになり、奇妙な巡り合わせを感じるというか、「人生わからないものだなあ」とつくづく思います。

　さて、話が脇道にそれてしまいましたが、荒川氏の『医学部再受験　成功する人・ダメな人』の中で私が一番ためになったのは、荒川氏が市販の受験参考書について論評しているコーナーでした。ほとんどすべての受験参考書について網羅されていて、しかも私自身が参考書を使ってみた感覚とほとんどズレがありませんでした。受験生の方には一読をお勧め

いたします。

　荒川氏の本のおかげでおぼろげながらも受験勉強の方向性が見えてきた気がしたので、結局予備校には行かず、独習で勉強を始めることにしました。まずはセンター用の教材を使って基礎固めです。それと、友人から「模試は受けたほうがいい」というアドバイスをもらったので、早速11月の初旬の「駿台・ベネッセマーク模試」に申し込むことにしました。

第1章　私の医学部受験体験談

1回目の模試

正確な日付は覚えていないのですが、あれは確か11月7日だったと思います。勉強を始めてから1カ月経つか経たないかでしたが、私の再受験生としての初めての模試の日がやってきました。この日までは勉強を始めたばかりだったこともあって、ひたすらセンター試験対策の勉強に力を入れました。本格的な勉強を始める前にセンター用の赤本と二次試験の赤本を買ってきて、軽く時間を計って解いてみたのですが、二次試験のほうは言うまでもなく、センターでさえ英語が辛うじて8割くらい取れたほかは、どの科目も5割に届きませんでした。とくに数学と化学がひどくて、「こんな公式あったか？」という感じで先が思いやられるばかりでした。

　正直に告白すると、数学や化学は昔受験生だったときでさえセンター本番で50点くらいしか取れなかったので、当然と言えば当然だったのですが。

ともかくこういう状態だったので、1カ月くらい勉強したところで知れた話ではありましたが、今さらボイコットするのも大人げないし、もったいない話なので「やれるだけやろう」と開き直って会場へと向かいました。

 会場に着いてみると当たり前なのですが高3生や19、20歳の浪人生ばかり。私は割と外見が若く見られるので、さほど目立ってはいなかったとは思いますが、それでも5歳くらいは年下の子ばかりの中に混じったのですから、私としては少々の違和感はありました。

 とはいえ、そんなことばかり気にしてはいられません。ここまできたからには、とにもかくにも志望校に合格しないと先へは進めないのですから。頭を切り換えて、ひたすら試験に集中することにしました。1限目「日本史」、2限目「国語」、3限目「英語」……と試験は続きます。最後の「理科」が終わるまで10時間以上、途中で寝たりボーッとしている人も中にはいましたが（昔の私もそういう一人でした）、最後まで集中してやるとなると、なかなか体力、精神力ともに消耗しました。でも、正直言って手応えは悪くありませんでした。やはり数学、とくに数ⅡBがネックになったものの、英語なんかはかなり自信があったし、昔大嫌いだった化学も、「8

割はいったんじゃないか?」という感じでした。

　試験が終わった後は腹ペコだったので、会場の近くのレストランに直行して注文待ちの間に、早速自己採点をしてみることにしました。本当に大人げない話ですが、まるで本番の試験の自己採点をするかのように緊張していました。

　まずは自信のあった英語から……次は理科……数学……国語……と採点していくと、なんと英語は筆記が 176 点、リスニングが 48 点。理科も化学、生物ともに 80 点前後。国語も 150 点以上。日本史と数ⅡBは 50 点ほどでしたが、それでも合計で 7 割以上は取ることができたのです！

　まあ、医学部を受験するのなら喜んではいられないような点数でしたし、本番とは問題の質が少し違う国語がある程度良くての点数でしたから、客観的にみるとかなり厳しい状況だったことには違いありません。とくに数ⅡBに関しては勘で書いたところがいくつも当たって 50 点しかありませんでしたから、非常に大きな問題を抱えているという状態でした。

　皆さんもご存じとは思いますが、医学部受験において数学の点数が悪いのは致命的とも言える弱点になります。これは

かなり由々しき問題であることは私も百も承知でした。それでも、高校生、浪人生だったころに模試でこれ以上の点数を取ったことはなかったし、1カ月間の勉強で成果が目に見える形で出てくれたので、非常に励みになりました。

英語に関しては初めに通った大学時代もTOEICの勉強など少しはしていたのでベースはあったのですが、それでも家で赤本を解いた時にはセンターの形式にとまどって8割がやっと、という状態でしたし（ご存知の方も多いかと思いますが、センター試験などの「受験英語」と英会話やTOEICなどの勉強は別のものと考えたほうが良いでしょう。TOEICで900点取れる人が、センター英語で8割しか取れないということもあり得るし、逆にセンター英語で満点近く取れる人がTOEICで700点も取れないということもあり得ると思います）、化学に関しては繰り返しになりますが、もともとまともな点数など取ったことがありませんでした。

1カ月ほどして、12月になってから模試の結果が送られてきました。ギリギリではあったものの、C判定でした。まあ少し甘めの判定かな、とは思ったものの、「全く無理」と言われたのではない気がして、悪い感じはしませんでした。

第1章　私の医学部受験体験談

2回目の模試

さて、1回目の模試でセンター試験に関しては希望が見えてきた気がしたので、模試が終わった11月から二次試験の勉強も始めることにしました。大学によってはセンターと二次試験の配点が9：3くらいで、センターでほとんど決まるような大学もあるようですが、私の志望校の札幌医大は二次試験の配点が大きく、数ⅢCや化学Ⅱ、生物Ⅱの範囲からの出題も多かったため、それらの勉強にもかなりの時間を費やさねばなりませんでした。

それまではセンター対策ということで、数学はⅡBまで、化学や生物はⅠの範囲しか手をつけてなかったのですが（というより1カ月ではそれ以上は手が回りませんでした）、そろそろ二次試験の勉強もしないとまずいなと感じていました。数ⅢCは、はじめはマセマの『馬場・高杉の合格！数学ⅢC』を使ったのですが、初学者であった私には少々難解であったため、坂田アキラの『面白いほどわかる本』シリーズで教科書レベルの基礎固めから始めることにしました。坂田

アキラ先生の本は、非常によくまとまっていて、イラストが少々うるさいのが気にはなりましたが（笑）、基礎固めにはうってつけでした。化学も坂田先生の本を使って勉強しました。

　そんな調子で基礎固めは着々と進めてはいたのですが、二次試験の模試を一度も受けないのはさすがにマズいだろう、と思い12月初旬にあった代ゼミの記述模試に申し込むことにしました。なぜ代ゼミにしたかというと、申し込みが間に合いそうなのがその模試くらいしかなかったからです。出題傾向や難易度がどのくらいで、自分の志望校にマッチしているのかはわかりませんでしたが、とりあえず基礎固めがどのくらいできたか、腕試しのつもりで受けてみようという感じでした。

　私は北海道に住んでいるのですが、北海道では11月ともなるとかなり冷え込んでくるし、雪もちらついてきます。街角ではクリスマスのイルミネーションが目に付き始める、そんな時期でした。

　代ゼミの模試は受けてみると、問題にかなりクセがあって戸惑いました。とくに、生物は普通の問題集なんかに載って

いるような、いわゆるパターン問題とは大きく異なっていて驚きました。どうにか食らいついたのが英語くらいでしたが、その英語でさえも英作文の対策はこの時はほとんどゼロであったため、高得点は厳しいが……といった感じでした。

　この時の模試は、はっきり言ってさんざんでした。基礎固めはある程度できたつもりだったのに、まったく歯が立ちませんでした。しかも、本番の試験ではおそらくもっと難しいであろう問題を解かねばならない……。どうすればいいのか、途方に暮れたような気持ちになったのを、今でも覚えています。

　1カ月ほどして、模試の結果が送られてきました。結果はもちろん最悪で、文句なしのE判定。しかもタイミングがまた最悪で、なんとセンター試験の前日でした（苦笑）。

7

センター試験①

記述模試はさんざんでも、そんなことばかり気にしてもいられません。泣いても笑ってもあと1カ月ほどでセンター試験の日はやってきます。このころまで国語や日本史にはほとんど時間が割けていない状況でしたから、12月の中旬ころからは再びセンター対策に専念することにしました。ところで、ここまであまり話題にしませんでしたが、私の社会の選択科目は日本史でした。なぜかというと、単に好きな科目だったということと、高校時代に選択していたからです。とはいえ、受験の日本史とはご無沙汰だったし、やはり90点くらいは取らないといけなかったので、かなりの時間と労力を費やしました。

それから、国語にも難儀しました。もともと国語は苦手ということはなかったのですが、それでも古文や漢文はもう何年もさわっていなかったから、一から単語や文法を復習せねばならなかったし、現代文にしても確実に根拠をもって解答できるようになるには、それなりの練習が必要だったからで

す。「センターで失敗した」という人の大半は国語でつまずいているようですが、私も二次試験ではずば抜けた高得点は期待できそうもなかったので、センターでこけるわけにはいかず、国語の対策にもじっくり時間をかけました。

　そして何よりも不安だったのが数学、とくに数ⅡBでした。数学の勉強には一番時間をかけていたし、このころには一通りの公式やパターン問題の知識は身についてはいましたが、本番で90点以上取れるかと言われると、厳しいと言わざるをえませんでした。「センターくらい」となめている人もいるようですが、センター数学は計算量が多く、また一つ問題を間違えると連鎖的に間違えるようになっているため、数学がよほど得意な人以外はかなりの対策が必要になるでしょう。まして私の場合は付け焼刃の勉強だったので、なおのことです。センター過去問題集や、河合塾なんかが出しているようなセンター模試問題種は、ほとんどやりつくしました。それでも時間内に解いて90点以上取れたことはほとんどなかったし、むしろ60点や70点しか取れないこともままありました。

　はっきり言って、不安材料を挙げればきりがありませんでした。先に挙げた国語や数学はもちろんですが、化学や生物

もいつも過去問を解いて90点以上取れるわけではなかったし、得意のはずの英語も、一応マーク模試では9割以上取れたものの、あまり対策に時間を割けなかったし、少々スランプ気味でした。本番の日が近づくにつれて、そうした不安は大きくなるばかり。

　センター試験を受けたことのある方はわかると思うのですが、センター試験はどの科目も時間との闘いであり、一つのミスが響いてくるので、実力のある人でも、いや実力のある人ほどいやなものです。ある意味で二次試験以上の怖さがあると言っても過言ではありません。東大や医学部受験では90％前後の得点率が求められ、ミスが許されないのです。

　この時の私も、大変なプレッシャーを抱えていました。1日、1日と残り時間は少なくなっていきます。連日、朝から晩まで机に向かい続ける日々が続きました。余談ですが、このころの私の勉強机はロフトで買った2000円くらいの安いテーブルと座布団でした。1日中正座やあぐらで座っていたので、膝が悪くなってしまいました。何日かに一度、近所の喫茶店でコーヒーをすするのが唯一の気分転換でした。

　それから、これも余談ですが週に3、4回家庭教師のアル

バイトもやっていました。受験勉強を始めたときにそれまでやっていたバイトやボランティアなどはほとんど辞めてしまったのですが、家庭教師だけは受験生の子もいたこともあって、続けさせてもらっていました。

　先生がこんなに不安定では教えている子供にも申し訳なかったと思うのですが（残念ながらその子は第一志望に合格できませんでした）、あの時の自分なりに一生懸命だったと思います。センター試験の前々日にもバイトに行って、帰りに雪で電車が動かなくなって、寒いホームで何時間も待つことになったこともありました。ベンチで問題集を読みながら、「寒い、風邪ひいたらどうしよう！」と思ってましたが、今となっては良き思い出です。

　さて、どうにか無事に（？）体調も崩すことなく、いよいよ試験の前日になりました。会場の下見や持ち物のチェックなど、一通りの準備を終えて、この日はもうあまり勉強せずに、ボーッとしていました。不意に、「ピンポーン」と呼び出しのベルが鳴りました。先月に受けた模試の結果が返ってきたのです。先程お話したように、結果は文句なしのE判定。「このタイミングでこんなもの見せるなよ……」とかなりやる気を削がれました。

落ち着かなくなったので、家族や友人に片っ端から電話をかけて、愚痴を言って、ふて寝しました。

第1章　私の医学部受験体験談

センター試験②

こういうわけで、はっきり言って万全とはほど遠い状態で迎えたセンター当日……。

前日は「もうやめる」とか言ってたのに、不思議なものでいざ当日になると頭のモードが切り換わって、「やれるだけやろう」という気持ちになってきました。会場へと無事に辿り着き、制服姿の高校生たちに囲まれながら、いよいよ運命の試験開始です。

1時限目は日本史からです。手応えは悪くありませんでした。その次の国語、英語も時間ギリギリまでかかったものの、どうにか全問解き切ることができ、初日は無事に終了。英語のリスニングの出来は今一つでしたが、そのほかはバッチリとはいかないまでも、それなりにできた気はしました。しかし、国語なんかは自分でできたと思っていても自己採点してみてびっくり、ということもあるので、不安はありました。次の日の朝刊を見て、自己採点したい誘惑にはかられましたが、そこは「良くても悪くても前の日の点数を知っていい影

響はないだろう。とにかく今日の試験、まだやり直しのきく現在、未来のことに集中しよう」と自分に言い聞かせ、会場へと向かいました。

　２日目には鬼門であった数学が控えていました。「ここが正念場」とばかり気を引き締めてまずは１時限目の「生物Ｉ」から。これは満点といかないまでも、かなり自信がありました。

　そして次はいよいよ「数学ＩＡ」。ここはさらっとクリアしたいところでしたが、ところが意外と大苦戦。数問わからないままに試験時間が終了してしまいました。これは予想外で、自分の皮算用では「ＩＡで満点を取ればⅡＢは80点でも合計は９割いくな」と思っていたので、ＩＡがひょっとしたら80点ないかもしれない状況でしたから、はっきり言って大ピンチでした。そして次の「数学ⅡＢ」までの間には昼休みの休憩があったのですが、こういう状態だったのでその休み時間が実に長い（笑）。とりあえず食事をしたり、軽くうろうろと散歩をしたりしていましたが、そうこうしているうちに「今年はＩＡが難しかったのだから、ⅡＢは簡単だろう」と根も葉もないことを考えるようになっていました。私には楽天的なところがあるのかもしれません。

さて、昼休みも終わって、一番の懸念材料であった「数学ⅡB」の時間です。解答を始めてみると、意外や意外、スラスラと解けるのです。「これはやはり、今年はⅠAよりもⅡBのほうが簡単な年だったのだな」と勝手に納得し、気がつけば1、2問わからない所はあったものの、ほぼ全問解答し「これは90点はあるぞ」という手応えで終了しました。実はこの年のセンターで、例年よりもⅠAの平均点が低くてⅡBの平均点が高いということはなかったのですが（ⅠAの平均点が62点、ⅡBの平均点が52点）、そんなことを知ったのは後の話。思い込みとは恐ろしいもので、このときはⅡBの問題がバカに簡単に思えたのでした。

そして、最後の科目となった「化学」も無事に終了し、長かった第一関門の闘いも、どうにか終えることができました。

そのまま家に帰って、初日の分だけ朝刊を見て自己採点してみました。すると……英語リーディング182点、リスニング38点、国語165点、日本史94点という結果でした。リスニングは予想通り今一つの出来だったものの、そのほかは申し分ない結果でした。興奮を抑えきれなかったものの、まだ2日目の科目、とくに数学ⅠAの結果を見るまでは安心

できません。

　次の日の朝刊を見て早速自己採点してみたところ、数学ⅠA 85点、数学ⅡB 89点、化学82点、生物92点と、ホームランは出なかったもののハズレもなかったという感じで、全教科合計で87％という結果でした。インターネットで調べたところ、例年よりも平均点が目立って低いということもなさそうだったので、とりあえず合格ラインの点数は取れたかということで一安心、いやそんな言葉で片づけられないような、充実感と安堵の入り混じった、えも言われぬ心境でした。

　しかしまだ試験が終わったわけではありません。むしろ、ここからが本番と言っていいくらいです。正直に言うと、この時センター重視の大学に志望校を変更しようかと、本気で悩みました。ところが87％くらいの得点率では、ちょうどどこもボーダーラインくらいでとくに有利になるということはなかったので、仕方なく（というのは不適切かもしれませんが（笑））初めに決めた通り、前期は札幌医大に後期は秋田大学に出願しました。

　なぜ秋田大学？　と思われるかもしれませんが、札幌医

大は後期受験ができなかったため、センターと小論文で受験できる秋田大学を選びました。

❾ 二次試験

　センターがとりあえず合格点という結果で終わって、ほっと一息と言いたいところでしたが、次なる関門として二次試験が控えていたので、そうも言ってられませんでした。

　札幌医大は英語はリスニングはなく、和訳と英作文が中心、数学は「微積分」「確率」からの出題が多く、化学は「有機化学」中心で、生物は論述問題が多いという、典型的な医学部の出題形式でした。センターとは全く別の知識が要求される分野が多く、ここでもかなりの勉強が必要でした。それぞれの分野の問題集を２、３選んでやり込み、あとはひたすら過去問を解きました。赤本に載っていた過去問はやり尽くしました。

　ときどき、「過去問として出た問題は二度と出ることはないから、過去問をやるのは時間の無駄だ」なんて言う人がいますが、とんでもない間違いです。「同じ柳の下に２匹目のどじょうはいない」ということわざはたしかにありますが、

これは受験勉強の過去問には当てはまりません。もちろん、そのまま同じ問題が出ることはあり得ませんが、そもそも大学の入試問題というのは同じ先生が何年間も作成しているケースが多いので、出題のクセというのが必ずあるものなのです。

浪人生で志望校の過去問をやり込んだことのある方はご存じとは思いますが、同じ大学の過去問を３、４年分も解けば、特定のパターンが見えてきます。それは出題されやすい分野についてのみではなく、例えば論述問題が多いのか、その場合はどのくらいの字数を書かされるのか、マニアックな知識を問われるのか、その場合はどういったテーマが狙われやすいか、などということにまで及びます。

そして、面白いことに大学の入試問題というのはうまくできていて、同じ人が解けばどの年も大体似たような点数になるようにできています。例えばある年の問題で全教科合計７割取れた人が、ほかの年の問題で４割しか取れない、ということはまずないようになっています。科目ごとに難易度のばらつきはあるものの（例えば2012年は化学が簡単で生物は難しかったが、2011年は逆に化学が難しくて生物は簡単だった、というように）、全体としては大体帳尻が合うように

なっています。このあたりは各大学の先生方の綿密な打ち合わせがあってのことなのでしょうが、さすがという感じがしますね。

ともかく、そういうわけなので、過去問を解くと今の時点での実力を測る物差しにもなるし、過去問で出題された問題の周辺知識を補強すれば、自然と勉強が進むようにできています。したがって、模試で偏差値80以上が当たり前というような、どの大学でも馬鹿力で押し通ってしまうような人は別として、私のように限られた時間と学力で勝負せねばならない人の場合は、過去問を中心にして勉強を進めるのが最短の攻略法と言えるでしょう。そしてこのときの私は、見事にそれを実践していました。

こうしてセンターが終わってからの1カ月半があっという間に過ぎ去り、二次試験の日がやってきました。このときも不安を挙げればきりがない、という心境ではあったものの、勝算がないわけでもありませんでした。とにかく試験時間が終わるまで、1問でも多く解答しよう——そう考えていました。

試験は英語からでした。「孔子」についての文章で、多少

の読みづらさはあったものの、まったく歯が立たないという感じでもない。とにかく集中して解答用紙を1つ1つ、丁寧に埋めていきました。120分の試験時間はあっという間に過ぎ去り、まだ数問解き終わってない状態で、気がつけば残り3分ほどになっていました。「あきらめるか?」という思いが一瞬脳裏をかすめましたが、当然のことながらそうはしませんでした。今考えてもこの時の終了間際の粘りは驚異的で、試験終了の1、2秒前に全問解答を終えました。

この日はどの教科もそのような調子で、続く数学、理科も最後の1分まで粘り、自信満々とはいかないものの、どうにか解答用紙の大半は埋めました。「やれることはやった」心の底からそう思いました。ここまできたからにはもう、まな板の鯉とでも言いましょうか、あとはひたすら待つのみです。

一応後期も出願していたので、その勉強をせねばならないと頭ではわかっていたのですが、バーンアウト気味で何も手につかない日々が続きました。「これで落ちたら、もうどうしようもないな。まああと1年浪人か……」くる日くる日もそんなことばかり考えていました。

⑩ 合格発表

前期の試験が終了してから合格発表までは、2週間ほど時間がありました。この時間がまた長くて、なんともいやなものでした。一応後期の勉強をダラダラとやってはいたものの、どうにも気が乗りません。まったくダメだったとか、絶対いけるというのならいくらか気持ちも楽だったのでしょうが、本当に際どいラインだったので気になって仕方ありませんでした。「センターの点数が87％だったから、仮に二次で6割取ったら合計で750点だから、これだったら去年の合格最低点に届くな」と皮算用でしかないことを何度考えたかわかりません。

そして、2011年3月8日——奇しくもこの日は震災の3日前だったのですが、そんなことはまだ知る由もありません——運命の合格発表の日を迎えました。朝一番でインターネットの合格者一覧を確認したところ、私の番号が見つかったのです！ ある程度自信があったとは言え、奇跡が起こったようで、自分でも少々信じられませんでした。何事も「やっ

てみなければわからない」とはよく言ったものですが、本当にその通りだと思います。ただ、先程「奇跡が起こったようで」と書きましたが、今になって思うと奇跡でもなんでもなく、単に私が意識的にせよ無意識的にせよ、理に適ったことをしていただけなのだと思います。

　なんの世界でもそうだと思うのですが、成功するには成功するなりの、失敗するには失敗するなりの、原因や理屈があるものなのです。わかっている人には至極当然の話なのですが、わからない人は「あいつは運が良かった」「俺ももう少しツイていればなあ」とあいまいな言葉で片づけてしまいます。第2章からは、皆さんがこのようなあいまいな言葉で片づけることなく、客観的に「自分に必要なものは何か？」を把握し、成功を掴み取っていくための方法論を解説していきます。

　さて、これで私の自己紹介を兼ねた合格体験記はひとまずおしまいです。お付き合いいただき、ありがとうございました。ところで、私はその後今年（2012年）の5月に大学を辞めてしまいました。詳しくは第4章で書きますが、他にやりたいことがあったからです。「辞めたやつが調子に乗ってこんな本を書くな！」と思う人もいるかもしれませんが、こ

の本は高校生、浪人生の皆さんへのメッセージであると同時に、次の新しい道を模索している私自身への、エールでもあります。どうぞ、温かい目で読んでいただければ幸いです。

第2章

必勝の メンタリティー

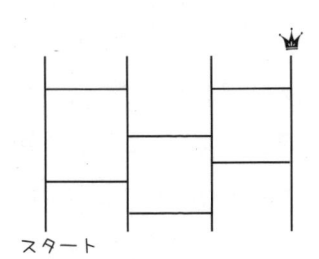

目標を決め、戦略を決める

① まずは目標を決める

さあ、この章では皆さんの合格を確実なものにするためのメンタリティー、心構えについて解説したいと思います。「なぜ勉強法の前にメンタリティーなの?」と思う人もいるかもしれません。そこでまずは、その疑問にお答えしたいと思います。

例えば、あなたがマラソンの選手だったとします。マラソンの選手といっても、学校の陸上部に入っていて、ほとんど趣味のような感覚でやっている、という人から子供のころから陸上一筋で、将来はオリンピックで金メダルを獲りたい、という人までさまざまなレベルの人がいます。それで、自分が一体どのレベルで取り組むのかによって、当然やるべき練習も変わってくるはずです。「オリンピックで金メダル」が目標の人が、普通の陸上部員と一緒の練習ではとても話にならないでしょうし、逆に普通の陸上部員がオリンピックの金メダリストと同じ練習を毎日やれ、と言われても、とても心身ともに持たないことでしょう。

第2章　必勝のメンタリティー

　「金メダルを獲る」と思っている選手は、「自分にはそれができる」という強い信念を持っていて、目標を達成するために必要だとわかっているからこそ、ハードなトレーニングにも集中して取り組めるのです。ではこれが、「地区大会で真ん中くらいのタイムが出せればいいや」と思っている普通の高校生だったらどうでしょうか？　仮に一流のコーチがついて、最新式のトレーニングをがんがんやれる環境が整っていたとしても、「どうして俺がこんなきついことやらないといけないんだ？」と思うでしょうし、無理やりやらされようものなら、「腰が悪くて……」とか適当に言い訳してやめてしまうことでしょう。

　ここで私が言いたいことは、人間というものは高い目標を持ち、それを達成することによってメリットが得られると思うからこそ、行動を起こせるということです。ですから、心の持ち方が何よりも重要だよ、ということです。

　実は、私自身も今になって思うと、再受験を決意したとき、残り時間や学力を客観的に考えるとかなり厳しい状況であったにも関わらず、できない感じがしませんでした。それがどうしてだったのかはわかりませんが、最後の最後まで、周り

にはいろいろなことを言われたし弱気になったこともあったけれども、「絶対に合格するんだ」と心の底では信じ切っていました。そして、「合格して周囲を見返した自分」「合格して誇らしい気持ちの自分」をひたすらイメージしていました。だからこそ、かなりの分量の勉強を、計画的に毎日こなせたのだと思います。

ですから、皆さんもまず心の底から合格したい！　と思う大学を決めて、バラ色の人生を送っている自分をイメージしてみてください。「東大理Ⅲに入って、医者になって金持ちでモテモテ」でもなんでも良いのです。

ただ、ここで一つ私の経験からアドバイスをしますと、目標達成後のイメージと、目標達成後の現実とのギャップがあまりに大きくなった時、そのギャップに適応できなくなる可能性がありますので注意が必要です。実を言うと、私もそのような症状に陥ってしまったとだけ書いておきます（笑）。いずれにせよ、受験に合格するということだけにこだわるのならば、できる限り派手なイメージを作ったほうがいいかもしれません。むしろ、思い込みが激しいほど力が出せることでしょう。その後のことは本書の主旨ではありませんので、あしからず（笑）。

ただ、今でも日本は学歴社会ですし、東大や京大に入って損はないでしょう。また、医者の給料が良いのは事実です。とにかく、まずは「エイッ」と目標を決めてしまいましょう。

❷ 消去法で目標を決めるな！

いかがでしょうか？ 目標を設定し、それを達成した自分のイメージを、うまく作れたでしょうか？ ここでは、目標を設定する上で注意すべきことを補足したいと思います。

　それは、この節のタイトルにもあるように、「消去法で目標も決めるな！」ということです。あなたが設定した目標についてよく考えてみてください。その目標を設定した時に、「今の自分の学力ならこんなものだろう」とか、「〜は自分には無理だから、こっちにしよう」とか考えませんでしたか？ もし少しでも考えていたら、それは消去法で決めた目標です。いわば消極的な目標設定であり、これでは力を発揮することはできません。

　しかし、「目標を設定しろ」と言われると「今の自分の学力では〜」と考えてしまう人がことのほか多いのではないでしょうか？ これは今の社会が抱えている深刻な問題だと思

第2章　必勝のメンタリティー

うのですが、あなたが今までの人生において、現状を変えようとした時に、周囲の人たち（親、教師、友人たち）から「お前らしくない。やめとけ」と刷り込まれ続けてきた結果なのです。いつの間にか「自分はこういう人間だ」というイメージが固定化されてしまっていて、そこから抜け出せないように条件づけされてしまっているのです。

　よく「あれ、お前そんなキャラだったっけ？」なんて言う人がいます。

　この場合のキャラというのは character、つまり人格ということですが、それではあなたの人格とはなんでしょうか？「私の名前は山田太郎で、どっちかというとおとなしくて成績はクラスの真ん中くらいで、テニス部に入ってて、音楽を聴くのが好きで……」とあなたはいろいろなことを考えるでしょうが、それらはいずれも「あなた」の本質的なものでしょうか？　スイスの心理学者、カール・グスタフ・ユングは人格を「ペルソナ（仮面）」と定義しました。

　つまり、人間は人格という仮面をつけて、演じているに過ぎないのだということです。いかがでしょうか？　もう一度あなたの人格について、考えてみてください。あなたの「お

となしい」人格は変えられないものですか？　そんなことはありません。あなたは「おとなしい」人格を演じているに過ぎないのですから。成績についてもどうでしょう？　今は中くらいの成績でも、もっと勉強すれば伸びるかもしれません。テニスだって、もう何年もやって飽きたなら、明日から辞めてサッカーでも始めればいい話です。

　こう言うと、「でも、いきなり僕がおとなしくなくなって、おしゃべりになったら友達は変に思うだろうし、成績だって急に勉強しだしたら『ガリ勉』とか言われるかもしれないし、テニスだって他の部員の目もあるから簡単に辞められないよ！」と思うかもしれません。でも、今言ったことをよく見てください。すべて「あなたがどうなりたいか？」ではなく、「周りからどう思われるか？」で判断していませんか？

　これでわかっていただけたと思うのですが、本来人格なんてものは実体のないあいまいなもので、それは決してあなたの「本質」ではないし、本来は自分の意志で変えられるものなのです。でも、多くの人々は周囲との関係の中で、それが変えようのない固定化したものだと思い込まされている。なんと窮屈な話でしょうか？

第2章　必勝のメンタリティー

　今の人格が気に入っているのなら無理に変える必要はないでしょうが、現状に不満があるなら、あるいはもっと幅広い経験がしたいなら、今の人格にこだわる必要は全くありません。もっとマインドをオープンにして、制約を加えることなく自分の望んでいることを考えてみましょう。

　ひょっとすると「あなたのやりたいこと」は大学受験とは関係ないことかもしれません。それはそれでかまわないのですが、本書を手に取ってくれたということは、「難関大学に合格したい」「成績を良くしたい」という気持ちが少なからずあるということと思いますので、その前提で話を進めさせていただきます。

❸ 他人の言うことには耳を貸さない

絶対に合格できるメンタリティーを作るには、今までお話をしてきた目標設定のほかに、もう一つ大切なことがあります。それは他人の言うことに耳を貸すな、ということです。なお、ここで言う他人とは「赤の他人」という意味ではなくて、家族や友人を含んだ他の人という意味です。

こう言うと傲慢なことを言っているように感じる人もいるかもしれません。しかし、先程お話したように、人というものは他人の価値観や他人の目に縛られていると、極めて不自由な生き方を強いられるものです。他人が全員、あなたの成功（この本の場合なら現状の学力よりも高い志望校へ合格すること）をサポートしてくれるのならばいいのですが、不思議なもので世の中はそういうふうにはできていません。

今までお話してきたように、99％以上に人々は自分が不自由な生き方を強いられてるが故に、そこから抜け出そうとする人を（意識的にしろ無意識的にしろ）自分たちの世界に

引きずり下ろそうとしてくるものなのです。その手口は実にさまざまで、直接的に「そんなの無理に決まってる」「もう少し冷静に考えてみなさい」と攻撃するものから、「そんなに頑張らなくても」「それだけやったんだから十分だろう」と一見慰めているように見えて、でも実態はこちらのやる気を確実に削いでくるようなもの、さらには口先では「頑張れよ」なんて聞こえのいい台詞を吐いて、一方で「昔こんなことあったよなあ」とか言って、「踏み出せなかった自分」や「失敗した自分」の記憶を思い起こさせようとしてくるものまであります。

こういうと素直に認められないかもしれませんが、あなたが本当に達成したい目標が見つかったなら、それを他人に相談して良いことは一つもありません。他人に相談すればするほど、目標から遠のいていく自分に気がつくことでしょう。

そもそも、他人に相談したくなるということは、まだ自分がぶれている証拠です。本当に目標を達成したいのなら、無駄なおしゃべりなどしている暇はありません。自分がどうしたいのか、そしてそのためにはどうしたらいいのか、その答えは自分自身で導いていくほかはありません。あなたのことを一番よくわかっているのはあなた自身なのです。

ただ、ここで勘違いしないでほしいのは、「他人はすべて邪魔者だから、無視しろ」と言いたいわけではないということです。現代社会において、人は一人では生きてゆけません。一人で生きているつもりでも、あなたの家は他の誰かが建ててくれたものだし、着ている服や食べ物だってどこかの誰かが作って、スーパーやコンビニに運んでくれなければ手に入らなかったでしょう。もっと言えば、あなたが存在しているのも両親が産んでくれたおかげだし、両親の経済的援助がなければ学校へ通うこともできなかったでしょう。

　そうやって考えていくと他者との関係は大事なものだし、感謝すべきことも数多くあるでしょう。しかし、それでも自分の人生を他者に委ねてはいけませんよ、ということです。まして、他者に依存してはいけません。わずらわしい人間関係でも、けんかするでもなく距離を保つようにすれば、自然と解消できるものです。「つかず、離れず」そして、縁あって同じ時間を共有することになった人には気持ち良く一期一会の精神で接する。それでいいのではないでしょうか？

　あと、自分が何か得たい情報や知識がある時に、それを知っていそうな人に尋ねることは必ずしも悪いとは思いませ

ん。ただ、その場合も何を尋ねるかをできるだけ具体化して、受け身で教わるのではなくて、必要な情報を聞き出す、くらいの気持ちで臨んだほうが良いでしょう。

　私たちは「賢い客」でなければなりません。どういうことかと言うと、セールストークに引き込まれてなんでも買ってしまうのではなくて、その商品がどのくらいの価値を持つのか、そして自分に必要なものなのかをじっくりと吟味してから、本当に必要なものだけを買うようにしなさい、ということです。何事にもこのスタンスで臨むことが、大切なのではないでしょうか？

❹
戦略を決める

　さて、あなたが自分で考えて行動するようになり、自分の中に軸ができてきたならば、自然と周囲の雑音も気にならなくなっていることに気がつくでしょう。

　そうなれば、あとはひたすら行動あるのみです。本書は受験本なので、この場合の行動というのは、受験勉強ということになります。第3章の内容と若干かぶるかもしれませんが、ここでは勉強を始める上で心がけるべきことを解説したいと思います。

　まず、目標が決まったならばそれを達成するにはどうすればいいか、具体的な戦略を決める必要があります。

　例えば、あなたが「今は偏差値50もないけど、半年後には東大理Ⅰに合格する！」と考えていたとします。東大理Ⅰに合格する、と言っても全科目満点で合格するのはなかなか難しい話ですし、受験勉強というのはあくまで試験にパスす

るためのものですから、もちろん高い点を取れるに越したことはありませんが、時間も限られている以上、合格者の最低ラインがどのくらいなのかをまずは正確に把握しましょう。

東大理Ⅰの場合、センターの配点が110点、二次の配点が440点の550点満点で合格者最低点は例年320点前後となっています。センターで90％取れば二次はちょうど5割で、あるいはセンターが80％しかなくても二次で5割5分取れれば十分に挽回が可能です。ただし、センターがあまりに悪いと足切にかかってしまう可能性があるので注意が必要です。

いかがでしょうか？「自分はこれといった得意科目はないけど大きな穴もない、だから、センター重視で勉強して先行逃げ切りだ」と思うなら、センター90％以上、二次は5割を目標にすればいいでしょうし、「自分は数学はそこそこ得意だけど、マーク式の国語がどうも苦手だ。だからセンターよりも二次で勝負だ」と思うなら、センター80％強、二次で5割5分を目標にすればよいでしょう。

東大理Ⅰの場合はセンターの配点がかなり低いため、あまりいい例にはならなかったかもしれませんが、まずはともか

く、インターネットや赤本で自分の志望校の配点や合格最低点をチェックして、自分なりに最低点に乗せるための戦略を立ててみましょう。今の学力は気にする必要はないし、皮算用でかまいません。

　とにかく頭の中でいろいろな選択肢をシミュレートしてみて、これならいけそうだと思えるものを探ってみましょう。もし、どうしても「これならいけそう」というものが見つからなければ、とりあえずセンターで９割取って逃げ切るパターンでいきましょう。センターにはそこまでひねった問題が出るわけではないし、穴さえなくせば高得点を狙うことが十分に可能だからです。それに、学力の低い人にとってはセンター対策がそのまま二次の勉強になります。

　また、センター90％、二次６割という戦略でいくとして、どの科目で何点取ってそのラインに乗せるのかということも考えておきましょう。自分なりに得手、不得手はわかるでしょうから、「私は英語が得意だけど数学は苦手だから、英語７割、数学５割でいこう」というように。これによって科目ごとの勉強の仕方が変わってくるので、注意しましょう。

　例えば、二次の英語で５割が目標なら、英作文の勉強はま

ず必要ないでしょうが、7割を目標にするならそれなりの対策が必要です。それから、おわかりとは思いますが「英語3割、数学9割」というように、あまりに極端なのはダメです。二次試験で9割以上の得点を狙うのは、至難の業です。

　それにテストというのは、例えば同じ20点上げるのでも、70点を90点に上げるよりも、30点を50点に上げるほうがはるかに簡単なものです。ですから、あなたが（数学オリンピックに出場して、数学は天才的にできるとか、帰国子女で英語がペラペラとか）何か特殊な能力を持っているなら話は別ですが、基本的には万遍なく得点して、その上で若干の勾配をつけるというスタンスが良いでしょう。

❺ 勉強のペースの設定

こ こまでで、目標を設定し、それを具体的に達成するための戦略も立てられました。もうすでに、あなたの頭は目標達成に向けて働き始めていることでしょう。

次のステップでは、あなたのイメージをより具体化させるために、前節で設定した戦略を機能させるためには、今日、明日何をやるべきかを具体的に考えてみましょう。「具体的にって決まってるじゃん、受験勉強でしょ」という答えが返ってきそうですが、漠然と「勉強する」というのではなくて、どんな参考書を、1日何ページこなすのか、1日何科目勉強するのか、ということまでしっかりと設定しましょう。

例えば今が10月ならば、センターまで3カ月、二次まで4カ月ということになります。それから逆算して全科目、自分に必要な勉強量を割り出してみましょう。

例えば国語なら、現代文、古文、漢文とさらに細かく分類

されます。これは私の場合ですが、現代文の問題集を2冊、古文の問題集をレベルの異なるものを3冊、漢文の問題集を2冊こなし、センターの過去問も5年分ほどやりました。私の場合は国語にばかり時間をかけられなかったので、最低限の準備になってしまいましたが、この分量をこなそうと思ったら、残り時間から考えて現代文は12月の仕上げの時期にもってくるとしても、10月中に古文の基本の問題集を2冊、漢文も1冊こなすくらいでないと、とても間に合わないとわかるでしょう。

　また、それらの問題集も解きっぱなしで1周終えただけでは効果が薄いでしょうから、できれば復習の意味も兼ねて2、3周はしたい。それで1日のうち国語に割ける時間はどのくらいかというと、せいぜい1時間というところ。こうやって考えていくと、古文と漢文を1日ずつ交互にやるとして、1日に何ページのペースでこなさねばならないかが見えてくるでしょう。

　こうやって全科目、1日に勉強できる時間が（体調、予定などで異なってくるとしても）7～10時間くらいだったとして、その間にやるべきことを考えていきましょう。現役の高3生の場合だったら、学校の授業時間を有効利用（役に立

つ授業は聴き、役に立たない授業は授業を聴きながら自分の勉強をやるとか）することも考えねばならないでしょう。

　こう言うと、「げっ、こんなにやらないといけないのか」「とてもこんな分量こなせないよ」と思うかもしれません。でも、とにかく1日30ページ進めると決めたなら、そのペースで進めてしまいましょう。わからないところは深く考えこまないで結構です。一度目はわからなくても、1周してから戻ってくれば、わかるようになっていることが多いものです。スピード重視で、数多くの問題にあたるようにしましょう。

　「こんなにしんどいことやりたくない」という人たちはちょっと待ってください。この世界で、なんの行動もなしに現状が変わることはあり得ません。スポーツが上達するには練習して体力や技術を鍛えねばならないし、受験だったら勉強して知識を身につけねばなりません。寝てばかりいる人が、現状を超えて急激に伸びたという話など聞いたことありません。まあ、何もしなくても現状通りの力なら発揮できるでしょうが。

　「でも、同じクラスの○○は何もやらなくてもいつも模試でいい点を取ってる。なんで俺ばかりがそんなきついことを

第2章　必勝のメンタリティー

やらなきゃいけないんだ」と思う人もいるかもしれません。しかし、その友達は本当に何もやらないで勉強ができるようになったのでしょうか？　何もやらないように見えて、あなたが寝ている間にコツコツと勉強していたのかもしれません。あるいは、子供のころから塾へ通っていて、受験に必要な知識を自然と身につけていたのかもしれません。

　スポーツでも大して練習しないですぐに上達してしまうような、「センスが良い」と言われる人がいます。でも、そういう人も小さな時から外で遊んだり、他のスポーツの経験があったりして、もともと素養があるから飲み込みも速いという、ただそれだけの話です。

　あなたより要領良くやっているように見える人は、今までの人生のどこかでそれだけの能力を身につけているものです（それが自分の意志によるかは別として）。別に、あなたが今までサボってきたのが悪いとか言いたいのではなくて、世の中の事象はすべて原因があって結果があります。今までの経験や環境によって、同じ目標でもスムーズに達成できる人と、そうでない人がいるのは当然のことなのです。

　よく覚えておいてほしいのは、目標を達成するということ

自体に価値があるのではなくて、そのプロセスにこそ意味があるということです。

　人は、現状を打破する経験を重ねることで成長します。誰がなんと言おうと、あるいは人と比べてどうこう、ということではなくて、あなたが未知を既知に変えていく、不可能を可能にしていく、そのプロセスほど尊いものはないのです。現状のまま、今日と同じ明日が続くのなら、そこに成長はあるでしょうか？　成長とは変化することです。ただ年老いていくのとは違います。

　この本をここまで読んでくださった皆さんにとっては、きっと受験がそういった成長のチャンスになるでしょう。人と比べることはありません。臆することなく、チャレンジしてください。

❻ 努力ではなく、行動

お気づきかもしれませんが、私はここまで「努力」という言葉をあまり使ってきませんでした。かわりに、「行動」と言ってきましたが、その理由について説明しましょう。

努力という言葉は、広辞苑によると「目標実現のため、心身を労してつとめること。骨をおること」と説明されているように、嫌なこと、つらいことを歯をくいしばって頑張り抜くというイメージの言葉です。

日本では昔から、「人一倍努力しろ」とか「努力は報われる」などと言われて、愚直に努力をすることが美徳であるかのように思われてきました。しかし、いろいろなジャンルの世界で成功した人の話を聞いてみると、「好きなことをやってきただけ」とか「そんな特別なことをしたつもりはなかったが、気がついたらここまで来ていた」と言う人が多いものです(先日ある著名なTV業界の方のお話を伺ったときも、「努力や根性はいらない！」とおっしゃっていました)。

皆さんは不思議に思われるかもしれません。好きなことをやっただけでどうして成功できるんだ？　そういう人は、はじめから特別なのでは？　そう思った人もいることでしょう。でも、人間の脳と心の仕組みを知ればなんら不思議なことはありません。

　人間好きなことに夢中になっている時は、自然と集中力、持続力を発揮しているものです。成功する人はまず例外なく、ミュージシャンなら楽器の練習、アスリートならスポーツの練習というように、他人から見れば努力と見えることに、人一倍取り組んでいるものです。しかしそれが、本人にとっては好きなことだったから、特別な努力をしたとは感じないで、「好きなことをやってきただけ」「気がついたらここまで来ていた」となるのです。

　もう少しわかりやすく言うと、皆さんも好きなゲームに夢中になって、5時間も6時間もぶっ通しでやってしまったことはないでしょうか？　ゲームを5時間もぶっ通しでやったら、その間ずっと座りっぱなしだし、肩もこるし目も疲れるでしょう。傍から見れば「よくやるよ」ということになるでしょうが、夢中になっていた本人としては、「楽しかったから」

第2章　必勝のメンタリティー

というだけのことだと思います。

　ちなみに、私もこの本の原稿を1日5000字くらいのペースで書いています。このペースでいけば、2週間もあれば1冊書けてしまうことになります。このペースが人と比べて速いのかはわかりませんが、本を初めて書く私にとっては、四六時中本に書く内容を考えて、1日に何時間も机に向かってやっとこなせるペースです。

　皆さんも学校の宿題で、5000字のレポートを書けと言われたら冗談じゃない、と思うでしょうが、私もこれを嫌々やっていたら、とてもこんなペースでは書けないと思います。でも、私としてはこの本を書いていることが楽しいので、何時間でも没頭してしまうのです。どうして楽しいのか？　と言われれば、まず私は文章を書くのが好きだし、この本を書くことで皆さんに感動を与えられるならば、そんな素晴らしいことはないと思っているからです。

　ここまででおわかりいただけたと思いますが、前章で書いたように現状を打破するには、なんらかの行動を起こすことが必要です。しかしその行動が、努力と感じるものであったならばなかなか高いパフォーマンスは発揮できないというこ

とです。

　そこで、目標設定が大切になってくるのです。目標を達成して誇らしい気持ちの自分、バラ色のキャンパスライフ、希望に満ちた将来をイメージしてみてください。これらのものを手に入れたくない人はいないはずです。

　手に入れたい未来があるのならば、それに向かっていくことは、欲しい漫画を店に買いに行くように、ごく自然の行動のはずです。それに、受験勉強だって今まで皆さんは親や学校の先生から「やれ」と一方的に押しつけられてきたから嫌なものだと思っているかもしれませんが、一歩引いて見てみるとゲーム性もあるし、それなりの知識も身につくようにできているので、まんざら役に立たない、つまらないものでもないと気がつくはずです。

　もう一つ別の言い方をしましょう。皆さんは今日何をするのか、行動を選択することができます。「勉強する」かもしれないし、「友達と遊ぶ」かもしれないし、「ゲームをする」かもしれません。それぞれの行動を選択した後、あなたがどう感じるかをイメージしてください。

第2章　必勝のメンタリティー

　例えば、ゲームを1日中やり続けた場合……それであなたの目標に近づくことができたでしょうか？「しまった、もう夜だ……今日も1日無駄にしてしまった」そう思うのではないでしょうか？　もっと言えば、それを繰り返せばあなたは確実に目標を達成できないでしょうし、将来「あの時もっと勉強していれば……」と思うことにもなるでしょう。

　それに対して、今日1日しっかりと計画通りに勉強できた場合はどうですか？「今日も1日よくやった」という充実感、そして確実に目標に近づいているという実感が得られることでしょう。

　あなたは、どちらを選びますか？

7 緊張するのはいいこと

よく、「緊張しちゃって力が出せなかった」「あがり症で……」と言う人がいます。一般には「緊張する」という言葉はあまりいい意味で使われていないようですが、実際のところはどうなのでしょうか？

いわゆる「緊張する」という時、あなたの身体にどういうことが起こっているかというと、心臓が高鳴り、目は充血し、手には冷や汗、全身の筋肉に力が入っている……とこんな感じではないでしょうか？　これらはいずれも交感神経が興奮している状態です。1929年にウォルター・B・キャノンが提唱した「闘争か逃争か」（fight-or-flight）の学説はあまりに有名ですが、交感神経が興奮するのは、生物の本能的な防衛反応の名残であり、「闘う」にせよ「逃げる」にせよ全身の筋肉が運動しやすいように「スイッチ・オン」になっている状態と言えます。

どこで聞いたかは忘れましたが、ある有名なスプリンター

が引退した時に、引退した理由について「レースの前に緊張しなくなったから、やめた」と語った、という話を聞いたことがあります。年を取って力が落ちてきたから、結果も気にならなくなってきて緊張もしなくなったというのです。スイッチが入らなくなってしまったと言いましょうか。

つまりどういうことが言いたいかというと、緊張するということはスイッチが入っている証拠。緊張しないよりもよほどいいのではないですか？　ということです。ただ、そうは言っても過度に緊張して頭が真っ白になったり、立ちすくんだりしてしまっては問題です。そういう人は、次の方法を試してみましょう。

本番が近づいて心臓が高鳴ってきたときに、「まずい！緊張してきちゃった」と思うのではなく、「よし、いい感じにテンションが上がってきたな」と思うようにします。

心理学の世界で、100年以上前に人間の情動を巡って「泣くから悲しい」（ジェームズ・ランゲ説）のか、「悲しいから泣く」（キャノン・バード説）のかで論争が起きたことがありました。「悲しいから泣く」は問題ないと思いますが、「泣くから悲しい」とはどういうことかと言うと、涙が出てくる

という生理現象が起こったときに、それを「悲しいからだ」とラベリング（知覚）することによって悲しいという情動が生まれるということです。

　このあたりはなかなか論証が難しくて、いまだに決着はついていないようですが、皆さんも何かあって涙が出てきたとき、「ああ、自分はこんなに悲しいんだ」と思うと余計に泣けてきた、ということはありませんか？　生理現象と情動とは密接に関わっており、とくに情動は本人がそれをどうラベリングするかにも大きく影響を受けるものです。ですから、これからは「まずい、緊張してきた」ではなく、「よし、いい感じにのってきたな」と思うようにしましょう。

8

「本番に弱い」はウソ

たまに、模試ではいつもA判定なのに本番の試験で合格できなかったという人がいます。「本番に弱い」と言われるタイプの人です。そういう人は、本当に本番で力を発揮できなかったのでしょうか？ いろいろなケースがあるとは思いますが、私はそんなことはないと思います。

今までにもお話してきた通り、大学受験の問題は、それぞれの大学でかなり傾向が異なるものです。東大プレのように特定の大学に照準を定めたものならまだしも、全国の受験生を一緒くたにして同じテストを受けて、その偏差値によって合否判定を出すというのは、本来はかなりいい加減な話なのです。

例えば、あなたの志望校は数学でよく「微積分」と「確率」が出題されるとします。しかし、あなたの受けた模試では「微積分」は出題されたものの、問題が簡単で差がつかず、「確率」は出題されず、志望校ではほとんど出題されない「行列」が

出題され、しかもそれで差がつくようになっていたとします。この模試が本当にあなたの志望校の合格可能性を測るものであるかは、甚だ疑問です。

　私も模試を受けるのは悪いことだとは思いません。特に、独学でやっている人の場合は、たまには普段と違う環境で試験を受けるのも、いい刺激になることでしょう。しかし、模試の判定ばかりを気にするのではなくて、その模試がどういう性質のものなのかということを、よく吟味しなければならないでしょう。

　また、センター模試でも予備校によって差異はあると思いますが、とくに国語は本番と大きく傾向が異なることが多いようです。理系の受験生の場合は、センターは国語で差がつくと言っていいくらいですから、やはりセンター模試の判定というのも、うのみにはできません。
　往々にして、「本番でコケた」という人ほど油断して過去問の分析をやっていないものです。あなたの目的は模試でいい点を取ることではなくて、あくまで志望校に合格することのはずです。模試の結果に一喜一憂するのではなくて、志望校合格のためには何が必要か？　ということを、常に冷静に見極めていくべきでしょう。

⑨ とにかく自分を信じる

この章の最後になりましたが、何にもまして大切なこと……それは自分を信じるということです。人間、絶対にできないことをやろうとは思わないものです。「やってみよう」と思ったということは、やれる可能性があるのです。

今のあなたにとっては、この章で設定してきた目標が途方もないように見えているかもしれません。一般の受験本とは違うことも多いかと思うので、すぐには信じられない部分もあることでしょう。とくに、「今の学力を物差しにしないで目標を決める」ことにまだ不安を感じているかもしれません。でも、思い出してほしいのは、人は現状を打破する経験を重ねることで成長するということです。目標を達成したあなたにとっては、それまでの過程が（良い思い出として）なんでもないことだったと思えるでしょうし、今とは違った地平から次の目標が見えていることでしょう。

それに、大学受験に必要な勉強量というのは、決してそれ

ほど多くはありません。「えっ、でも高校3年間の分と、東大や医学部の場合プラスアルファが必要なんじゃないの?」と思うかもしれませんが、そもそも、「高校3年間」といってもずっと勉強しているわけではないし、学校の授業というのは先生の雑談や学生をいびったりするよけいな時間が多くて、1回の授業あたりに習う分量というのは、驚くほど少ないものです。どの科目も1時間で数ページしか進まないのではないでしょうか? これではあくびが出るのも当然だし、中間テストや期末テストの前の一夜漬けでなんとかなってしまうのも、うなずけます。

これ以上書くと、どこからかうるさい声が聞こえてくるかもしれないのでやめておきますが、そういう無駄な部分や思いこみを捨てて眺めてみると、この本をここまで読んでくださった聡明な皆さんならば「あっ、なんてことないな」と思えるでしょうし、こんなにも予備校産業が発展して、みんなが「受験、受験」と騒いでいるのがアホらしく思えてくるでしょう。ただ、ある程度の結果を出さないでそれを言うと負け犬の遠吠えのようになってしまいます。結果はバッチリと出しましょう。

今はまだ高校生か浪人生だからわからないかもしれません

が、この世界は無駄なことや矛盾があまりにも多くて、かなりいびつなことになってしまっています。「周りの大人はバカばかりだ」と思っているあなたは正しいのです。

「時間がない」「金がない」と言いながら、毎日酒は欠かさずに飲んで帰ってくる。じっと座ってることもできずに、「ちょっと一服」とタバコを吸いに行ってしまう。「これくらいしか楽しみがない」と無意味な旅行を繰り返し、感想と言えば「○○おいしかったね」「温泉気持ちよかったね」と小学生以下のレベル。駅などで通行を遮りながら、ツアーガイドに引率されていくおじさん、おばさんを見て、「小学生と変わらないな」と思うのは私だけでしょうか？

それなのに、上下関係や礼儀にはバカにうるさくて、一方的に相手を見下して（彼らには対等に話をしようという意志すらないようです）「子供のくせに口答えをするんじゃない」「養ってもらっているくせに大きなことを言うな」ときます。

こうなると、ちゃぶ台をひっくり返されたようなもので、議論のしようもありません。お金を稼ぐことがそんなに偉いのでしょうか？　今の日本なら年収 1000 万円稼いでいればいいほうですが、ジョージ・ソロスやジョン・ポールソンの

ような世界レベルの投資家ならば、年間数千億円のお金を生み出すことも可能です。ということは、「養ってもらっているくせに〜」とのたまうあなたの親よりも、彼らは数万倍以上偉いことになります。逆に言えば、あなたの親はソロスやポールソンの数万分の1の価値しかないことになってしまいます。そんな理屈が通用するでしょうか？　それでいいというならこれ以上何も言いませんが……。

　さて、ずいぶんと好き放題に書いてきました。それでも普通の日本人には性根から悪い人は少ないと思うし、私たちは誰しも一人で生きているのではなくて、いろいろな人に生かされている。そのことはきっちりと心に留めておく必要があるでしょう。ただ、どうも多くの人の頭の中は、論理的に破綻した価値観に縛られていて、どうもそのことでこの社会が極端に生きづらいものになっている……。

　私も含めて、次の世代を担う人々の使命は大きいのではないかと思います。受験勉強も頭を鍛える意味ではそう悪くありません。しっかりと実力をつけて、新しい社会を創るために貢献してほしいと思います。

第3章

必勝の勉強法

全体像をつかむことから始める

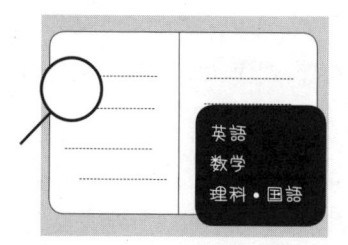

① まずは全体像をつかむ

本章では前章でつくり上げたメンタリティーを活かして、どのように勉強を進めていくか、その方法論を解説します。

浪人生の方は問題ないとは思いますが、高3生の方は各科目の全範囲をきちんと把握しているでしょうか？ 数ⅢCや理科Ⅱなど未習の範囲もあるとは思いますが、学校の進度とは関係なく、まずは教科書、参考書を一通り読んでしまいましょう。余裕があれば基本問題を実際に手を動かして解いてみてもよいです。ただしあまり考え込む必要はありません。軽く目を通すだけで、「うわーサイクロイド曲線って何だ？」という感じでかまいません。とにかく、各教科どういう項目があって、どこで手こずりそうか？ ということを明確にしていきます。高1、高2の範囲もぱっと頭に浮かんでこなければ、同時にやりましょう。

例えば数ⅠAであれば、「数と式」「方程式、不等式」「2

次関数」「図形と計量」「集合と論理」「場合の数」「確率」「平面図形」の項目があって、自分は「場合の数」「確率」は得意だけど「図形と計量」「平面図形」は苦手だな、というように頭のなかでインデックス（索引）ができていなければなりません。

　その上で、どこから手をつけていくかを考えていきます。まずは、センターの範囲内で穴だらけの項目があれば、そこから取りかかります。

❷ つながりで知識を増やす

各科目の全体像をつかみ、補強すべきポイントが見えてきたなら、いよいよ本格的に勉強開始です。科目別に攻略法を解説していきますが、その前に全科目に共通した、勉強のポイントをいくつか挙げておきましょう。

まず一つ目は、できるだけ知識を一つの事柄で完結させないで、他の事柄と関連づけながら増やしていくということです。ある程度勉強が進んでいくと分かると思うのですが、高校の勉強はどの科目も、同じことがらが違う範囲で何度も出てくるものです。

例えば生物Ⅱの「系統の分類」では、生物Ⅰの範囲である胚葉の分化の話が出てきます。原体腔動物の胚葉分化の図が出てきますが、それでは生物Ⅰでやったカエルの胚葉分化は、どんなだったかな？　思い出してみます。胚葉分化がどのようなプロセスをたどるか、それぞれの胚葉が何に分化するか、といった関連項目も引っぱり出してみます。

第3章　必勝の勉強法

　スラスラと頭に出てくればいいですが、「あれ、何だったっけな？」と思うことがあれば、生物Ⅰの参考書を見直してみます。問題を解いたりする必要はありませんが、「あっこれ忘れてた！」と思うことが見つかればもうけものです。逆に、生物Ⅰの胚葉分化の勉強をするときには、「カエルは原口が肛門になるから、新口動物だよな。旧口動物は節足動物と……あと何だっけ？」と考えて、わからなければ調べるようにします。

　人間の記憶というのは数多く目にするものは重要と認識され長期記憶に移行し、そうでないものはデリートされ忘れるという、ただそれだけの話です。ですから、このように1つの知識や項目を、他のものと関連づけることで知識の反復回数を圧倒的に多くすることができ、それだけ記憶として定着しやすくなります。

　やってみるとわかりますが、さほど手間もかかるものではないし、参考書に書き込んだり、調べるページをメモしておくことで効率も上げられるでしょう。「前にも見たことあるな」「これ、何だっけな」そう思ったことがあれば、面倒くさがらずに調べてみましょう。

❸ 休息のとり方

　次に、休息のとり方についてです。再受験生で仕事をやりながら勉強するというような、よほど時間のない特殊なケースを除いては、基本的には睡眠はしっかり、1日6、7時間はとったほうがいいでしょう。

　受験生というと、鉢巻をして寸暇を惜しんで、寝る間を惜しんで勉強するというイメージを持たれる方もいるかもしれません（一昔前のイメージかもしれませんが）。まあ、やる気があるに越したことはありませんが、受験勉強は「どれだけ頑張ったか？」より「本番でいかに高いパフォーマンスを発揮できるか？」のほうが、はるかに大切です。焦る気持ちもわかるし、私自身今になって思うと不安に駆られて無駄なこともしたと思うのですが、ただ気持ちばかりが空回りしてしまっては何にもなりません。

　前章で「楽しいことは努力と感じない」という話をしましたが、そうは言っても人間が行動するにはエネルギーが必

要で、消耗したからには休息もとらねばなりません。生活リズムが狂って、体調を崩しでもしたら元も子もありません。繰り返しになりますが、睡眠はしっかり取りましょう。

　それから、寝る直前まで勉強を続けるのもやめましょう。まあ、今までやった問題集などを、軽く眺めるくらいなら問題ありませんが、激しく頭を使うようなことは避けるべきです。人間、風呂に入って、髪を乾かして、歯を磨いて、というように寝る前は徐々にリラックスモードに入っていって、眠りにつくものです。それを、寝る直前まで激しく頭を使うようなことをしては、興奮してしまい、寝つきが悪くなったり、眠りが浅くなってしまいます。

　根性のある人ほどこの状態に陥って「いや、しっかり寝てるから大丈夫」と言うでしょうが、身体はきっちりパフォーマンスを落としているものです。昼のうちに頭をしっかり使って、夜はリラックスするように心がけましょう。12時に寝るのであれば、勉強は10時ころに切り上げる、くらいの気持ちでいいのではないでしょうか？（個人差はあると思いますが）

　また、睡眠を取ることには記憶を定着させるという利点

もあります。ご存知の通り、人間のニューロンネットワークは、睡眠中に形成されます。数学などでわからない問題があって、朝起きてからやってみたらわかるようになっていた、という経験のある方もいるかもしれませんが、そのせいです。つまり脳は夜眠っている間もただ休んでいるのではなくて、日中にインプットした情報をきちんと処理してくれているということです。

　それから、これは私の経験上であり、あまりうまい説明はできないかもしれませんが、何気なくボーッとしていたり、散歩をしたりしているような時間も、けっこう重要です。

　どういうことかというと、そういう他の人から見たら無駄に見える時間も、頭の中ではさっきまで読んでいた本などの情報を処理する作業が行われていて、その時間の後にすっきり自分の知識として定着するような感覚があるのです。まあその方法はその時の状況に応じて変わってくるでしょうが、ただボーっとするでも、散歩やストレッチをするでも、音楽を聴くでも、掃除をするでも、いいと思います。

　煮詰まってきた時は無理に机に向かおうとはせずに、他のことをやってみると、意外とうまくいくかもしれません。

ただし、あくまでリラックスできることが大事であり、そのこと自体に意識が向きすぎるようなこと（例えば、激しい運動や、おしゃべりなど）はむしろ逆効果でしょう。

わかったような、わからないような話かもしれませんが、ともかくインプットばかりでなく、情報を処理、整理するための遊びの時間も大切だと言うことは、覚えておきましょう。

❹ 教材の選び方

教材を選ぶ際には、とにかく自分がとっつきやすいものを選ぶべきです。他の人がいいと言っているものでも自分にとっていいとは限りません。人によって学習の進度が違うからです。そういう意味では私がこれから科目別攻略法で挙げていく教材も、あなたにとって適しているとは限りません。あくまで参考程度に、という目で読んでいただければと思います。

とはいえ、「自分がとっつきやすいもの」と言われてもよくわからないという人もいるかもしれませんので、いくつかポイントを挙げたいと思います。

第一に、字が小さすぎたり、レイアウトが読みづらいものは避けるべきです。そういう本は往々にして「どこが重要か?」がわかりづらいものだし、読んでいて疲れます。ある程度学習が進んできたらそういう本を使わねばならない場合もありますが、とくに初学のうちは「多少薄いかも」「これ

で全部カバーできるのかな?」と思うようなものでも、スラスラ読めるものを選ぶべきです。そういう意味で『よくわかる』本シリーズはおすすめです。

　また、良さそうだと思って買った教材が、実際に使ってみて合わない、わかりづらいと思ったら、その教材にこだわらず、別の教材を探しましょう。もったいないと思う気持ちは分かりますが、それよりも合わない教材を使って時間を浪費する方が、よほど大きな損失です。アマゾンに出品すれば、お金もいくらか返ってきます。

　はじめのうちは試行錯誤も必要でしょう。私もそうでした。しかし、これだけ多くの受験参考書、問題集が出版されているのですから、必ずあなたに合うものが見つかるはずです。地方の方は仕方ないかもしれませんが、近くに大きな書店のある方は、書店に行って目ぼしいものを探してみましょう。地方に住んでいて大きな書店がない方は、私の科目別攻略法や荒川英輔著『医学部再受験　成功する人・ダメな人』などを参考にして、良さそうなものをアマゾンなどで取り寄せればよいでしょう。

　最後に、1つの教材にこだわりすぎないということです。

同じ教材でも、はじめのうちはわかりやすかったが、途中からわかりづらくなったり、ある単元はわかりやすかったが別の単元はダメということもあるものです。

よく受験本なんかでは、「同じ教材を何度も繰り返せ」と書いていますし、私もそれに反対するつもりはないのですが、1つの教材にこだわらずに別の教材を使ってみたら、思いのほか理解が進んだ、そしてもとの教材に戻ったらさらに理解できた、ということは何度もありました。

1つの教材を買ったらそれを絶対に最初から最後までやらないとダメというのではなくて、勉強が進みづらくなってきたら、気がねなく別の教材を探してみましょう。

新しい教材を使うことは気分転換にもなるものです。お金がかかると思う人もいるでしょうが、受験用の参考書など1冊1000円か2000円くらいのものです。10冊買っても数万円あれば十分だし、100冊も200冊も買うわけではありません。5万円か10万円はかかるかもしれませんが、予備校に行くことを思えば、そのくらいの金はなんてことないでしょう。

どうしてもお金がないなら、少しバイトでもすればいい話です。高校生の人はいちいちお小遣いを親にせびると「また買うの？」と言われるかもしれませんから、初めに軍資金として5万円ほどまとめてもらっておくといいでしょう。あなたがやる気のあるところをアピールすれば、そのくらいは出してくれるはずです。

ここまで教材の選び方について解説してきましたが、何より大切なことは教材はあくまで勉強の補助道具でしかなくて、勉強をするのはあなた自身であるということ。どんなにいい教材も、あなたが活かそうとしなければ役に立ちません。そのことは覚えておきましょう。

⑤ 教材の使い方

次に、教材の使い方についても解説します。どの科目もそうですが、基本を勉強しているうちは、あまり考え込まずにどんどん先に進んでしまうべきです。知識もないうちに考えても、答えなど出るわけがないからです。別に授業中のようにわからなくて、みんなの前で恥をかくわけではないのですから、わからない所は素直に認めて、その場で覚えるようにしましょう。

ただ、記憶法としてはその場で立ち止まって何度も暗唱したり、書いたりするのは時間がかかりすぎて、よくないと思います。そういうやり方が合う、という人はそれでいいとは思いますが、基本的には別の問題集を解く時に、似たようなことを目にすることが多いのですから、多くの問題を解く中で覚えていってしまうほうが良いのではないかと思います。『面白いほどわかる本』シリーズなんかには赤シートも付いていますし、それも活用して、早押しクイズのような感覚でサッサッサッと知識を確認していけばいいでしょう。もちろ

ん、わからなかった所の周辺知識をじっくりと復習するのも大切です。

それから、「読むのが遅い」という人でも、できるだけスピードを上げて読んでいくことをおすすめします。

例えば、300ページある教材を、1日10ページずつしか進まなかったとしたら、全部やりきるのに1カ月かかってしまいます。そうすると、初めのころにやったことはほとんど抜けてしまっていることでしょう。1カ月前に読んだことなんて、覚えてなくて当然です。記憶力の良し悪しとは関係ありません。

前にも書きましたが、人間の記憶のメカニズムは、脳が重要と認識したものが長期記憶へと移行し、そうでないものはデリートされる仕組みになっています。そして、脳に重要と認識させるためには、繰り返すことが一番有効です。ですから、できるだけスピードを上げて多くの問題を解き、それらを復習することが重要です。

もちろん、理解度の高い単元とそうでない単元とでは読むスピードが異なって当然です。ですので、一概に「1時間

で〇〇ページ以上」とかは言えないのですが、例えば、『面白いほどわかる本』シリーズだと、理解度の高い単元なら1時間に60〜70ページ、理解度の低い単元でも1時間に30〜40ページくらいが目安になるかと思います。

　もちろん、もっと速くこなせる人は、それに越したことはありません。「そんなの無理だ！」と思う人も、一応はそのくらいが目安になることは覚えておきましょう。

　「1時間20ページでいい」と思っている人と、「1時間50ページは進みたい」と思っている人とでは、当然取り組み方が違ってくるはずだし、仮に最初は同じ能力だったとしても、「1時間50ページ」と思っている人のほうが力をつけていくであろうことは、間違いないでしょう。ここでもやはり、目標の設定が大事になってくるということです。すぐにできなくても落ち込むことはありません。自分の可能性を信じてください。

　あと、数学や化学の計算問題、英作文などはインプットだけでなく、実際に手を動かして問題を解く練習も必要です。

　こういった科目の勉強は、はじめは問題を見て、解き方（ど

んな式を立てるか、どんな公式を使うかなど)を頭の中で考えながら答えを見ていく方法で、解き方のパターンを覚えることから始めますが、それだけでは計算力が身につかないのです。英作文も短い文なら頭の中で確認できるでしょうが、長い文になると実際に書いたほうが、整理しやすいでしょう。

別に計算過程や書いた文章をきちんとノートに残して、どこでどう間違えたかを細かくチェックしろ、とまでは言いませんが、本当に自力で答えが出せるか、確認の意味で手を動かす作業は必要です(落書きのような感じでいいと思いますが)。

ただ、まずは解き方のパターンが頭に浮かんでこなければ話になりません。とくに初学のうちはインプットが大半になるでしょう。でも、時々手を動かして解くのも気分転換になるし、記憶の定着にも役立つので、普段の勉強では(インプット:手を動かしての練習)=7:3くらいの気持ちで取り組めばいいのではないでしょうか。もちろん直前期はインプットの作業はほとんど終了しているでしょうし、手を動かしての練習の比率が高くなることは言うまでもありません。

6

センター対策と二次対策

　センター対策と二次対策の比率についても触れておきます。と言っても志望校によって異なってくるかと思いますので、ご参考程度に。

　理科と英語に関しては、センター対策と二次対策で、とくに区別する必要はないでしょう。もちろん、理科のⅡの範囲や英作文はセンターとはほとんど関係ありませんから、センターの直前期（2、3週間前）は触らずに、他の科目や範囲の勉強に当てるべきですが。そのくらいは間隔が空いても、センター試験から二次試験までの間に1カ月以上時間があるのですから、十分取り戻せるでしょう。数ⅢCも同様です。やれるに越したことはありませんが、社会や国語などに時間を割きたいでしょうから、ひとまず置いとくほうが賢明でしょう。

　ただ、理科Ⅱや、数ⅢCをセンターが終わるまで放っておくのだけは、やめといたほうがいいでしょう。そのあたり

は残り時間や学習の進度によりますが、11月ごろまでに理科Ⅱや数ⅢCの範囲も一通り終わらせたほうが良いと思います。

　国語や社会に関しては、面倒でもセンター前まではコンスタントに取り組んだほうがいいと思います。私も勉強を開始した10月ころからセンター前まで、それぞれ1時間ずつ時間を割いていました。

　一応、私の時期ごとのセンター対策と二次対策の比率や、1日のスケジュールを載せておきます。もちろん、人によって生活スタイルや学習の進度が違うので、この通りにやらなければいけないというものではありません。あくまで参考程度に目をお通しください。

■10月〜11月■

◎センター対策：二次対策＝7：3

10月はセンター、二次という以前に、数英理を中心に、教科書レベルの総復習にあてた。11月から国語、社会もやり、数ⅢC、化学Ⅱ、生物Ⅱにも手をつけた。

★10月のある日のタイムスケジュール

7：00　起床
7：30　洗顔・朝食
8：00〜9：30　化学Ⅰ
10：00〜12：00　数学ⅠA
昼食・休み
13：00〜14：00　古文（手をつける程度）
14：00〜15：30　英語（センター過去問）
休み
16：00〜17：00　数学ⅡB
17：00〜20：00　バイト・夕食
休み
20：30〜22：00　生物Ⅰ
勉強終わり

★11月のある日のタイムスケジュール

7:00　起床
7:30　洗顔・朝食
8:00〜9:00　英語（ＣＤでリスニング）
9:00〜10:30　数学ⅢＣ
休み
11:00〜12:30　生物Ⅱ
昼食・休み
13:30〜14:30　日本史
14:40〜16:00　センター数学
休み
16:30〜18:00　英語（リーディング）
買い物・夕食
19:30〜21:00　化学Ⅱ
21:00〜22:00　漢文
勉強終わり

■12月〜1月■

　　　◎センター対策：二次対策＝8：2

　12月中旬ごろまでは、数ⅢCや英作文にも時間を割いたが、下旬以降はほとんどセンター対策に時間を費やした。

　　　★センター直前期のタイムスケジュール

7：00　起床
7：30　洗顔・朝食
8：30〜10：00　数ⅠA（センター演習）
10：30〜12：00　生物Ⅰ（センター演習）
昼食・休み
13：00〜14：20　日本史（センター演習）
14：30〜16：00　数ⅡB（センター演習）
16：00〜17：00　英語（センターリスニング）
17：00〜20：00　バイト・夕食
20：30〜21：30　現代文
勉強終わり

第3章　必勝の勉強法

■1月～2月■

　センター後から二次試験までの時期。気が緩みがちな時期だが、数ⅢC、理科Ⅱ、過去問演習とやることが目白押しだった。英語は英作文と読解で、2セットやった。

★二次試験直前期のタイムスケジュール

7：00　起床
7：30　洗顔・朝食
8：00～9：00　英作文・CDを聴く
9：00～11：00　数ⅢC（微積）
11：00～12：00　生物Ⅱ
昼食・休み
13：00～15：00　化学（過去問・復習）
休み
15：30～16：30　英語（リーディング）
17：00～20：00　バイト・夕食
20：30～21：30　数ⅠA（確率）
勉強終わり

　タイムスケジュールを見て思ったのですが……われながらよくやったなあ、と（笑）。若干の記憶違いはあるかもしれませんが、ほとんどこんな感じの毎日を過ごしていたと思います。サボった日もありませんでした。ただ、週に1日く

らいは教材選びも兼ねて、出かけていましたが。これだけやったら受かるわけです。私はもう二度とやりたくありませんが（笑）。

　皆さんも頑張ってください。

7

科目別攻略法①英語

ここからは科目別の攻略法を解説します。ただし、社会についてはいろいろな科目を選択している人がいると思うので、省かせてもらいます。自分の興味ある科目を選択して、普通に問題集や過去問をやれば、8〜9割は難しくないでしょう。

さて、科目別攻略法の最初は英語です。英語の勉強は大きく次の3つに分かれます。
①英文読解
②リスニング
③英作文

そして、この中で一番重要で、時間をかけるべきなのは①英文読解です。これはおわかりのことかと思います。センターでも英文読解の配点は大きいし、仮に文法や発音が半分くらいしか合ってなくても、読解が完璧なら全体で8割はいきます。二次でも大学によって異なるでしょうが、6、7割

は英文読解なのではないかと思います。英作文などあって3割くらいの配点でしょう。

　ということは「受験英語ができる」＝「英文読解ができる」といってもよいくらいで、英文の内容を正確に理解する能力と英文和訳さえできればよいということになります。リスニングや英作文はそれからでも十分です。とくに英作文は、読解が十分でないのに始めても、知っている単語が増えづらいし、英文に慣れていないからスラスラとフレーズが浮かんできません。逆に英文読解を十分にやっておけば、知っている単語もあるし英文に慣れているから学習も速いものです。何を間違えても英作文から勉強することのないように気をつけましょう。

　リスニングに関しては、普段から英語のCDを多く聴くようにすればいいでしょう。やっぱり英語も言語です。自分が赤ちゃんのときからどのように日本語を学んできたかを考えればわかると思いますが、言語学習は本来耳から入るもので、文字から入るものではありません。そういう意味で、文字を読む訓練ばかりするのはバランスが悪いので、CDを多く聴くのはリーディングのためにも有効でしょう。

リスニングテストのためには聴くばかりでなく、もちろんテストのための練習も必要ですが、耳さえできていれば直前期に少しやっておけば大丈夫でしょう。これもやはり、耳ができていないと、テスト対策ばかりやっても厳しいものがあります。とにかくまずは英語に慣れることが大事です。多く聴き、多く読む。細かい理屈はその後です。

個人的におすすめの教材としては田中孝顕著『聴覚刺激で英語は必ず聞き取れる！』です。この本は受験用ではありませんが、2倍速、4倍速のCDが付いており（速聴というやつです）英語の漫画も載っていて、英語に慣れるにはうってつけの教材です。はじめは漫画を見ながらCDを聴き、ストーリーを覚えてきたらCDだけ聴くようにすると良いでしょう。

私は高校生のころ、英語が大嫌いでした。学校の先生の教え方や、頭がおかしくなるようなぶ厚い文法書などが大嫌いだったからです。それではじめの大学に入ったときはTOEICで300点くらいしか取れなかったのですが、大学4年のときに院試や就活を控えて、「このままではマズい！」と思ってこの教材とTOEIC用の教材を併用して勉強したところ、1カ月ほどで700点近くまで伸ばすことができ、ま

た英語嫌いも直りました。その後しばらく英語の勉強はサボっていたのですが、再受験したときにもこの体験は役に立ったと思っています。

　英語を多く聴き、多く読むことが大切だと書きましたが、２倍速なら同じ時間で２倍の量を聴けることになります。そして２倍速に慣れてくると、頭の回転が速くなってくることもわかります。そうなってくるとテレビを見ていても、人と話をしていても、トロ臭く感じることでしょう。

　なお、再受験のときに私が使った教材としては、センター用には、竹岡広信先生の『点数が面白いほどとれる本』シリーズを一通りやりました。赤本でまともに過去問を解くと２時間かかるし、しんどかったので、「発音・アクセント」「並びかえ」「読解」というようにセクション別に勉強していくほうが、私には合っていたからです。

　英文読解には安河内先生の『英語長文レベル別問題集』と竹岡先生の『入試超難関突破！解ける！英語長文』をやりました。余裕があれば『PENGUIN　READERS』（本屋の英語本コーナーにあると思います）のレベル３くらいのものを、数冊読むのもいいでしょう。最後に問題もついています。英

作文には安河内先生の『超パターン33書ける！英作文』と大矢先生の『英作文講義の実況中継』をやりました。あと、過去問も忘れずに。

　ここまで読んできて、「単語帳は？」「文法はやらないの？」と思う人もいるかもしれません。結論から言うと、私はそういった類のものは一切やりませんでしたが、それでもセンターは9割弱、二次でも7割取ることができました。

　くどいようですが、とにかく英語は多く聴き、多く読むことが基本です。単語や文法はその中で自然と身に付きます。あまり「単語」「文法」とこだわるのは、虫メガネで人の鼻や口だけを拡大した写真を見て、「この人は美人だろう」とか「この人は口の形があれだから、きっとイマイチかなあ……」とか考えるようなもの。それで全体が見えてくることは決してないし、下手をすればとんでもない思い違いをすることにもなりかねません。同じ単語や文章でも、前後の文脈で意味が違ってくるのは当然だし、特定の単語や文章だけを切り抜いてそれについてあれこれ考えることには、さほど意味がないのです。

　先程私が紹介した教材の中にも単語や文法の解説は出て

きますが、「入試ではこういう単語が出されやすいんだな」「こういう訳し方をすれば点になるんだな」ということで、軽く読み流せば十分だと思います。

⑧ 科目別攻略法②数学

科目別攻略法の２つ目は数学です。

私は正直言うと、入試であまり数学は良くありませんでした。センターはかろうじて９割弱取れましたが、二次はなんと２〜３割しか得点できませんでした。一応２問は完答したつもりだったのですが、（４問中）点数開示してみてびっくり、という感じでした。

とはいえ、私は決して数学嫌いだとか、数学を捨てるというつもりはなかったし、むしろ一番時間をかけた科目だったのですが……。まあ、本番で点が取れなかったので説得力には欠けますが、数学だけ何も書かないわけにはいかないので、一応自分なりの考えを書かせていただきます。参考程度にお読みください。

私は高校生のころ、高１のころはまだ良かったのですが高２の途中ごろから数学の勉強をサボってしまい、そして一度わからなくなるとさっぱりついていけなくなり、最初に受

験したときは、センターの数ⅠAが70点台、ⅡBが50点台というありさまで、とくにⅡB以降は公式すらもまともに覚えていない単元が多いという状態でした（とくにベクトルや軌跡、行列など）。

　ほとんどこれらの単元は未習といってよい状態だったので、まずはわからない単元が多かった数ⅡBを中心に勉強を始めました。最初のころに使った教材は『きめる！センター数学』やマセマの『合格！実戦ゼミ』でした。決して悪い教材ではなかったのですが、一から取り組むには少々難しかったように思います。実際今ひとつ効果が上がりませんでした。しかし、1カ月ほどしたところで坂田アキラ先生の『面白いほどわかる本』シリーズと出会い、はじめは「変な絵ばかり描いてあるな」としか思わなかったのですが、読んでみるとまさに「面白いほどよくわかり」なんとか基礎固めを終えることができました。

　「教材選びのポイント」にも書きましたが、やはり自分のレベルに合う教材を使うことが一番の早道になるようです。なお、私は勉強のやり方としては、問題を解きながら、わからなければすぐに答えを見るというやり方でやっていました。

数学というと、自分で考えてやることに価値があるし、それが思考力を鍛えることになると考えている人がたまにいます。気持ちは分からないではないですが、自分で考えてやるとおそろしく時間がかかってしまうし、何も受験の数学は自分で新しいことを考えろと言われているのではありません。勉強すればわかりますが、大体は同じようなパターンの問題や、その複合問題でできていますし、私も含めて受験数学で点が取れない人というのは、そういったパターンの引き出しが少ないものです。

とにかくまずは基本レベルの教材を使って典型問題のパターンを覚え（何冊か問題集をやれば、よく出てくるパターンがわかるはずです）、徐々にレベルアップしていくのが良いのではないでしょうか。

ありきたりなことしか書けず申し訳ないですが、このくらいで終わらせていただきます。あと、センター対策はよほど自信のある人以外はやったほうが良いでしょう。私はマセマの『センター試験シリーズ』『センター模試シリーズ』と赤本をやりました。とにかく時間内で速く解けるようにする、計算を正確にするということと、センターの形式に慣れてお

くことが大事でしょう。

❾ 科目別攻略法③理科（化学・生物）

次は、理科です。私は化学と生物を選択したので、それらの解説をします。物理選択の人は申し訳ないですが他の本をご参照ください。

　理科については、英語や数学に比べてだいぶ楽なのではないでしょうか。しかし、だからといって後回しにしてしまうと手が回らなくなってしまうので、やはり計画的に準備していく必要があるでしょう。ただ、いずれもある程度のラインまでは割と楽にいけるものの、完璧にやろうとするときりがなくなってしまう科目でもあります。センター９割、二次６〜７割を目標にすればよいでしょう。

口化学口 ─────────────

　まず化学については、私は数学でも紹介した坂田アキラ先生の『面白いほどわかる本』シリーズで基礎固めをしました。「化学Ⅰ・理論化学」「無機・有機化学」「化学Ⅱ」「計算

問題」の4冊に分かれていますが、これらを一通りやることで、センターレベルの学力は十分に身につくことでしょう。その上で、自分の補強したいポイントを重点的に鍛えていきました。

医学部受験の場合は、有機化学が狙われやすく、また複雑な計算問題も出題されやすいので理論化学と有機化学を重点的に鍛える必要があります。私の場合は先述の『面白いほどわかる』シリーズを終えた後、『鎌田真彰の化学　理論化学』と『鎌田真彰の化学　有機化学』をやりました。はじめからこれらの教材を使うと、少々入っていきづらいと思います。そのあたりは、やはりレベルに応じてということになるでしょう。無機化学についてはセンターレベルまでしかやりませんでした。

口生物口 ────────────────

生物は、山川喜輝先生の『生物Ⅰが面白いほどわかる本』から始めました。説明がわかりやすく、しかもページ構成もうまくまとめられており、さらにクイズ形式の問題も要所要所に配置されているので、非常に頭に入りやすいです。まずはこの本を通読しておくことをおすすめします。数日あれば

第3章　必勝の勉強法

読めます。

　これでセンターレベルの知識は一通り押さえられると思いますが、それでも問題演習で問題に慣れておく必要があります。とくに「遺伝」はある程度練習しておくべきでしょう。私は問題集としては、『生物Ⅰ問題集合格139問』をやりました。まずは易〜標準レベルまでの問題を一通りやり、余裕があったら難レベルの問題もやればよいでしょう。センターレベルには標準レベルまでで十分だと思います。なお、この本は『生物ⅠB合格39講』に対応しています。問題で『生物Ⅰが面白いほどわかる本』に出てこない話も多いかと思いますので、こちらも参考にされるとよいでしょう。ただ、『生物ⅠB合格39講』は最初からまともに読むのは分量が多くて少々つらいかと思いますので、問題集をやってわからないところを参照する、という使い方がいいでしょう。

　生物Ⅱについても山川先生の『生物Ⅱが面白いほどわかる本』を読んだ後、『生物Ⅱ問題集合格133問』をやりました。ただ、『生物Ⅰ問題集合格139問』にしても『生物Ⅱ問題集133問』にしても完璧にすべての問題ができないといけないと考える必要はないと思います（標準レベル以下に穴があってはまずいですが）。難レベルの問題は、自分の志望

校と形式の似たものや、出題されやすい分野だけやればいいのではないかと思います。

なお、私は直前期に『生物Ⅰ・Ⅱの点数が面白いほどとれる本』と『生物Ⅰ・Ⅱ［考察問題］の点数が面白いほどとれる問題演習』もやりました。この２冊はさほど分量も多くはないし、前述の教材とはまた違った角度から書かれていて、総確認と頭の整理にはよかったと思います。

最後に、化学、生物のいずれについても言えることですが、センター前にあまり時間がなかったとしても、軽くでいいから化学Ⅱ、生物Ⅱの範囲まで学習しておくことをおすすめします。これらの範囲の分量はバカにはできません。センターが終わってから１からやるのは、とても間に合わないでしょう。

⑩ 科目別攻略法④国語

科目別攻略法の最後は、国語です。この科目は多くの理系受験者にとってはセンター試験のみであるにも関わらず、苦戦を強いられる教科です。いや、逆にセンターだけだから勉強がおろそかになって、失敗しているのかもしれません。私は国語はセンターのみだったので、京大、東大など理系でも二次で国語が必要な方には参考にならないかもしれませんが、ご了承ください。

さて、「たかがセンターの一科目じゃないか」と思っている人もいるかもしれませんが、センター950点満点中（英リスニング含む）200点が国語の配点なのです。センターの配点の実に21％が決まると考えたら、しっかりと対策する必要があるとわかるはずです。8割以上は取っておきたいところです。

国語の分野は現代文、古文、漢文があり、一番やっかいなのが古文でしょう。

□ 古文 □
───────────────────────────────

　ご存じとは思いますが、古文は日本語ではありながら現代の言葉とは大きく異なっており、半分外国語を読むようなつもりで学習していったほうがいいでしょう。それで英語と同じく、単語や句法よりも多く聴き、多く読むことが重要といえます。ただし、音は現代語と同じですから聴く必要はないですし、あまりCD付きの教材もないのが現実です。

　それに、あくまで国語の1分野にすぎない古文に英語ほど時間を割くわけにもいかないと思いますので、読むにも限界があるでしょう。ですので、私としてはいくつかの文章をよく解説してある教材をよく読み込んで、文章の中で句法や単語などを覚えていくという方法をおすすめします。

　具体的には『古文読解が面白いほどできる本』がよいでしょう。この本は、最初から辞書をひいたり自分で考える必要はまったくないので、一通り目を通してみて、なんとなくどんな単語や句法が出てくるかを押さえてから、『超基礎がため古文教室』で単語や句法を学習し、再び『古文読解が面白いほどできる本』に戻ってみる、という方法がいいのではないでしょうか。

そして『古文読解が面白いほどできる本』は覚えるくらい読み込む。初めから単語や句法の勉強ばかりやるとつまらないので、まず少し難しくても入試レベルの古文に触れておいてから単語や句法を学習したほうが、「あ、そういえばこんな単語あったな」とか「活用ってこういうことか」と発見があって、勉強が進みやすいと思います。まあ、そのあたりは個人の好みにもよると思いますが。

　私の場合は、この後は『センター試験古文が面白いほどとける本』でセンター形式の問題演習をやりました。理想は先程述べたように多く読むことですが、あまり時間を割けない以上、知識は少なくてもある程度カンで選択肢を絞り込めるように、直前期は問題演習に力を入れるべきでしょう。

□漢文□

　次に、漢文についてです。これは古文に比べれば単語や句法なども少なく、話のパターンも大体予想できるものが多いので、楽ではないでしょうか。私のおすすめは『漢文早覚え速答法』です。これをやって、あとは過去問をやれば十分と思います。最後の田中先生オリジナルの漢文は、ぜひ繰り

返し音読しましょう。本当に入試に必要な句法が身につくようになっています。

□ 現代文 □

最後に現代文です。これは苦手意識を持っている方が多いのではないかと思います。古文や漢文は知識である程度カタがつきますが現代文はここまでやれば大丈夫という線切りが難しいという側面があります。とはいえ、練習すればある程度選択肢を絞り込めるようになってくるし、そんな大崩れするものでもありません。センターと模試や予備校の先生が作った問題とでは若干傾向が異なるので、センターの過去問を用いた問題集を使って、問題演習を繰り返せばよいでしょう。

私が使ったのは『きめる！センター国語（現代文）』と『センター試験のツボ現代文』です。解説をよく読み、どういう根拠で選択肢を絞り込んだか？　ということを明確にしながら、取り組むといいと思います。

ここまでのことができたら、あとは過去問を通して試験時間の 120 分以内に解けるように、演習もしておきましょ

う。解いたことのある問題がけっこう混じっているかもしれませんが、一からやるつもりで解きます。2、3年分やっておけば、対策としては十分です。本番はきっちりとコンディションを整え、集中力を切らさずに最後の1分まで粘りましょう（ここが一番大事です）。

以上で、科目別攻略法は終わりです。あまり上級レベルの教材は紹介しなかったので、「これで本当に大丈夫か？」と思う人もいたことでしょう。それはあなたの志望校にもよりますが、それでもまずは、ここまで紹介してきたレベルの教材を完璧に身につけることを考えたほうがいいと思います。けっこう、どの受験生も基本に穴があったり、苦手科目があったりするものです。

医学部の問題は難問が多いとはいえ、合格ラインは二次試験は5～6割といったところですし、そこまでは基本～標準レベルでほとんど勝負がつくものです。くどいようですが、基本をしっかり身に付けて、まずは穴をなくすことを考えましょう。なお、本章の最後に「科目別攻略法」で紹介してきた教材のリストを載せておきますので、そちらもご参照ください。

⑪ とにかくやってみる！

第3章も最後になりました。ここまで勉強法や科目別攻略法について解説してきました。いろいろなことを書きましたが、どんな方法論よりも大切なことは、とにかくやってみる、自分の力で現状を変えようと力を尽くす、ということに尽きます

前章にも書いた通り、きちっと分析さえすれば大学受験に必要な勉強量というのは、さほど多くはないということに気がつくでしょう。けっこうみんな、そのことに気づいているのではないでしょうか？「俺だってもっとやれば東大だって合格できるさ」「別に受験勉強は頭の良し悪しとは関係ないだろ」……こんなふうに言う人がいます。その意気や良し、とは思いますが、「やればできる！」は詭弁です。やってから「俺にもできた」だったらわかりますが。でも、口先だけの人も頭ではわかっているのです。やるか、やらないかだけの問題なのだと。

第3章　必勝の勉強法

　ただそれが、なかなかできないものなのです。なぜかというと、多くの人は「勉強＝つまらないこと」とインプットされており、また前章でも書いた通り、周囲の人々との何気ない会話の中で知らず知らずのうちに「お前にはできない」「そんなに頑張ってどうするの？」というような言葉を潜在意識に刻み込まれているからです。

　では、どうすればいいか？　答えは簡単です。あなたが本気で現状を変えたいのであれば、前章で解説したメンタリティーをつくりあげ、あとは目標達成のために行動あるのみ、です。自分で動いてみてはじめてわかることも多いでしょう。いえ、そういうことばかりかもしれません。他人のアドバイスというのは、あくまでその人の体験から出てくる言葉であり、あなたが同じような体験に直面しない限り、本質的に理解し得るものではないのです。「痛い目に合ってはじめて、人から言われた忠告の意味がわかった」ということは誰しも一度は経験していることでしょう。

　というわけなので、とにもかくにもにも行動ありき、です。はじめから完璧に合理的な方法でやれる人などはいません。私も試行錯誤の連続だったし、今だからわかる話もたくさんあります。

あなたなりのサクセスストーリーを、創り上げてください。

紹介した教材のリスト

英語

- 『聴覚刺激で英語は必ず聞き取れる！』（きこ書房）
- 『英語長文レベル別問題集』（東進ブックス）
- 『入試超難関突破！　解ける！　英語長文』（旺文社）
- 『超基本パターン33　書ける！　英作文』（旺文社）
- 『英作文講義の実況中継』（語学春秋社）
- 『センター試験英語【文法・語句整序】の点数が面白いほどとれる本』（中経出版）

数学

- 坂田アキラ『面白いほどわかる本』シリーズ（中経出版）
- 『合格！　実戦ゼミ』シリーズ（マセマ）
- 『きめる！センター数学』（学研）
- 『センター試験』シリーズ（マセマ）
- 『センター模試』シリーズ（マセマ）

化学

- 坂田アキラ『面白いほどわかる本』シリーズ（中経出版）
- 『鎌田真彰の化学　理論化学』（旺文社）
- 『鎌田真彰の化学　有機化学』（旺文社）

生物

- 『生物Ⅰが面白いほどわかる本』（中経出版）
- 『生物Ⅱが面白いほどわかる本』（中経出版）
- 『生物ⅠB合格39講』（学研）
- 『生物Ⅱ合格33講』（学研）
- 『生物Ⅰ問題集合格139問』（学研）
- 『生物Ⅱ問題集合格133問』（学研）
- 『生物Ⅰ・Ⅱの点数が面白いほどとれる本』（中経出版）
- 『生物Ⅰ・Ⅱ［考察問題］の点数が面白いほどとれる本』（中経出版）

国語

・『古文読解が面白いほどできる本』(中経出版)
・『超基礎がため古文教室』(旺文社)
・『漢文早覚え速答法』(学研)
・『きめる!センター国語(現代文)』(学研)
・『センター試験のツボ現代文』(桐原書店)

第4章

受験生への
メッセージ

新しい価値観が必要になる時がくる

新しい価値観を
持て

① 広い視野で考える

本章では、受験生の皆さんへの、私からのメッセージを書きたいと思います。直接受験とは関係ないかもしれませんが、お読みいただければ幸いです。

　私は、1章でも少し書きましたが、医学部を再受験したものの数カ月前（2012年5月）に大学を辞めてしまいました。なぜかというと、私自身が医者になろうと思った動機というのが、「自分の今の年齢（24歳）を考えると、また大学に入り直して一般企業に就職するのは難しい。だけど医者ならば、国家資格だし一生食いっぱぐれはない」ということでした（再受験をした動機は、「難関大に合格して、自分のコンプレックスを振り払いたい」ということでしたが、それではなぜ医学部を選んだのか、ということの理由です）。

　もっともらしく思える動機かもしれませんが、今になって思うと結局「自分が何をやりたいか」ということではなく、「お金がなくなるのが不安だから」「まともな職業についてな

第4章 受験生へのメッセージ

いと世間体が悪いから」という、実に消極的な気持ちからくる動機だったことに気づいてしまったのです。

　それでも実は、大学を辞めた後も医者への未練を捨てきれず、海外に留学すると騒いでいた時期もありました。でも今は「資格がほしいから」という他の人から植えつけられた価値観で判断するのは、やめることにしました。はじめは実に怖かったし、自分に何ができるのかということもわからず、迷い続ける日々でした。しかし、最近になって（ここ１月ほどですが）おぼろげながらも自分の進みたい方向が見えてきたように思います。

　ここでは具体的に書きませんが、自分の知りたいこと、勉強したいことを純粋に追求することにしました。私は今のところは幸いにもお金にはさほど困っていないし、少々のお金を生み出す方法もいくつかは覚えました。どこまでやれるかはわからないのですが、自分の限界はまだまだこんなものではないと思うし、恥ずかしいくらいに何も知らないこともわかってきたので、短絡的に仕事に就こうとするのではなくて、じっくりと自分の才能を耕していこうと思っています。

　人生は長いのです。今の価値観が10年後、20年後に通

用するかなんて、誰にもわかりはしません。日本は、つい70年前までは軍国主義の国で、国に尽くすことが一番の美徳とされてきました。戦場に赴く若者を、大人たちは諸手を挙げて見送りました。それが今ではどうでしょうか？ 国旗を揚げたり、「君が代」を歌うのですら、嫌がる人が増えているではありませんか。

このように、価値観なんてものはその時代、時代によって異なってくるものでしかないのです。昨日まで正しかったことが、明日からも正しいとは限らないのです。ひょっとすると50年後くらいには今の大企業はほとんど潰れていて、未来の人たちは「当時はまだ終身雇用なんて幻想が信じられていたんだなあ」と言っているかもしれません。あるいは、医療保険制度が破綻して、医者がタクシーの運転手をやらないと食べていけない時代がやってくるかもしれません。そんなことは、誰にもわからないのです。

私は、皆さんには短絡的なものの見方をするのではなく、広い視野で物事を考えられる人になってほしいと思います。

最近はよく、「仕事がない」という声がきかれますが、本当にそうでしょうか？ たしかに従来の雇用市場という意味

第4章　受験生へのメッセージ

では縮小してきているのは間違いないし、高止まりする失業率が如実にそのことを示しています。

しかし、よく考えて欲しいのです。今の世の中、矛盾や欠陥だらけではないでしょうか？　これで「仕事がない」わけはないのです。自分の頭で、社会の問題点をあぶり出し、解決策を見出していく……こう言うと、途方もないことのように思えるかもしれません。難しいことは考えずに、社会の価値観の中でとりあえず毎日を平穏無事に過ごせるように生きているほうが、楽な部分もあるでしょう。

しかし、そんな飼い慣らされたような人生に、どれほどの意味があるのかと私は思うのです。人生は一度きりです。自分にとっての「幸せ」というのを、もっと自由に追求してもいいのではないでしょうか。

❷ 幸せとは何か?

前節で、もっと「幸せ」を追求してもいいのではないかという話が出ました。それでは幸せとは一体何なのでしょうか? こう言うとその人それぞれの答えがあると思います。「お金があるのが幸せ」「好きな異性といるのが幸せ」「成功するのが幸せ」……人によって違った幸せの形があって当然だし、あるいはそれは言葉にできないものなのかもしれません。

私はというと、今人生で最高に幸せです(これからと比べたら「最高」ではないかもしれませんが)。

なぜなら、自由に時間やお金を使って、好きなことをやっているからです。人から見れば、家にいて本ばかり読んでいるようにしか見えないかもしれませんが、今の私にとってはそれが幸せなのです。「どうして?」と言われれば説明は難しいですが、「やりたいことをやっているから」ということになるでしょうか。この感覚はそうなってみないとわから

ないかもしれません。ただ、永遠に今のままの生活でいいとは思っていません。

　私は今、海外に行っていろいろな国の文化を学んだり、世界情勢を生で見たいと思っています。そうなるとお金も必要だし、英語も話せねばなりません。今、そのための準備も少しずつやっています（メインという感じではありませんが）。私事なのですが、来月にはTOEICも受けます。今から勉強を始めるのですが、900点を目標にしています。もし達成できたら「1カ月でTOEIC900点の勉強法」という本を書くかもしれません（笑）。

　さて、話が脇道にそれましたが、私がこういう話をすると、「友達や女の子と遊ばないの？」とか「お前、ヒマなんだなあ」とか言う人がいます。そういう人は何も分かっていないのです。別に今やっていることや、これからの目標を達成するために、友達や女の子と会うことは（今のところ）必要ないし、メリットがないことはやらないという、ただそれだけの話です。

　2章でも書いたように、大半の人は現状を変えようとする人に対して、否定的な態度をとるものです。そういう人と

話をしても何も得るものはありませんし、どうせ愚痴を言い合ったり、他の人の悪口を言ったり、世間話と言ったらそういうふうに相場が決まっているものです。

　また、異性と付き合っていると言っても、やはり人間関係ですから、お互いにある程度しっかりした人間同士でないと疑心暗鬼になったり、恋愛依存症（多くの人はこれを恋だと誤解しているようですが）のようになったりして、いい関係は築けないものです。私はこういった人間関係には全く魅力を感じないし、会うべき人とは必要があれば気持ち良く会えばいいと思っています。

　それから、「ヒマ」と「自由」とは全然意味合いが違うと思います。「ヒマ」というのは普段何かやらされていて、それがなくなった時に何をしていいか分からなくなった人が使う言葉です。やらされることが当然になっていて、自分の頭で考えることができなくなってしまっているのです。私も昔はそれに近い状態だったからわかりますが、こうなってしまうとそこから抜け出すのが大変です。

　そういう人は何かスケジュールがないと不安に感じるか、あるいは無気力になって何もできないかのどちらかです。そ

して結局「人から与えられた楽しみ」しかわからないので、旅行に行っても物を買っても満たされることなく、気がついたら時間やお金がなくなっていた、ということになってしまいます。

そういう人は、自分の1日のスケジュールや持ち物を、「何が必要で、何がいらないか」という目で、よーく見直すことから始めましょう。そして、いらないものはどんどん削っていきます。そうすれば、自分が今までいかに無駄なことをやってきたかということに気がつくし、生活もグッと楽になって、気持ちに余裕も出てくることでしょう。そうなってくると、自然と「ヒマだ」と言わなくなるでしょう。

いろいろと書きましたが、私は「人がどう思うか？」「一般的には……」という価値観から抜け出さない限りは、本当の幸せというのは手に入らないと思っています。そうでないと、結局は「お金があると幸せ」はお金の奴隷、「好きな異性といるのが幸せ」は性の奴隷（そんな言葉があるかはわかりませんが（笑））、「成功するのが幸せ」は会社、組織の奴隷というように、突き詰めると隷属の道を歩んでいるにすぎないと気づきます。

それではもう一度、あなたに問います。

「幸せとは一体何なのでしょうか？」

③ 高い理想をもつ

「社会構築主義」をご存知でしょうか？

これは「現実の社会現象や、社会に存在する事実や実態、意味とは、すべて人びとの頭の中（感情、意識）で作り上げられたものであり、そこを離れては存在しない」（Wikipedia より）という社会学や哲学の分野の思想です。

この考え方に立つと、例えば「りんごが赤い」のは最初から赤いりんごが存在するのではなくて、みんなが「りんごが赤いものだ」と思っているから、ということになります。人々の意識が世界を作り上げている、というとこんなふうにわかったような、わからないような話に思えるかもしれません。

「社会構築主義」は科学的な実証が難しいということで、現在のアカデミズムな世界では否定的な見方をされているようですが、ひょっとするとこの世界というのは、私たちが考えている以上に不思議なものではないか、と考えさせられます。

今日まで地球上に存在してきたあらゆる宗教や科学は、言ってみればこの世界を説明するための試みでした。

例えば、キリスト教などでは「神がこの世界を創造した」と考えますし、ニュートンの「万有引力の法則」は重力を、アインシュタインの「相対性理論」は光や時間を説明するための理論でした。

私は宗教や科学について専門的な知識を持ち合わせていないので、詳しく論ずることはできません。しかし、どんな宗教も、科学もこの世界を説明するには不完全であったということだけは言えると思います。戦争などで救済を願った人々を、神は助けたでしょうか？　また気功で病気の人が治ったりする現象は、科学では説明できないものです。結局いかなる宗教、科学でもこの世は説明できないとわかっているから、21世紀になってもスピリチュアルやオカルトといったものに救いを求める人が後を絶たないのです。

私もそういう話は嫌いではないのですが、霊にしてもUFOにしても超常現象にしても、そういったものはどこまでいっても確かめようがない話ばかりですし、「ふうん、そ

ういう話もあるんだ」と面白がってるくらいならいいかもしれませんが、ひどい場合には霊感商法のように金儲けに利用されたりするのを見ていると、中世にもそう言えば免罪符でお金儲けをした人々がいましたが、結局人間はたいして変わっていないんだな、とつくづく思います。

さて、少し話がそれましたが、「社会構築主義」に話を戻します。ここで、仮に「人々の意識が世界を作り上げている」という考え方が正しいとしましょう。科学的に実証が難しいとしても、科学そのものが絶対的なものではないのですから、絶対にあり得ないとは言えないはずです。この考え方に立つと、人がなかなか幸せに生きられないのも、人々がそれが当たり前だと思っているから、そういう世界が出来上がってしまっているのだということになります。

どうでしょうか？ 「どうせ社会は変わりっこない」「生きるってことはつらいことなんだ」そう思い込んでいませんか？ 人間、先入観があるとそれに合致したものしか見えなくなってしまいます。このあたりは苫米地英人氏の著作に詳しく書いてあるのですが（氏はスコトーマとRASの原理と表現されています）、例えばカクテルパーティー効果というものがあります。パーティーの際、周りがうるさくても、き

ちんと隣りの人の声は聞こえるという現象です。

　つまり、人の脳というものは見えるもの、聞こえるものを自動的に取捨選択していて、自分にとって重要なものしか知覚できないということです。ということは、「生きるのはつらい」と思っている人には、幸せに生きるチャンスがあったとしてもそれは知覚できず、なかったことになってしまいます。そういった一人一人の意識のあり方によって生み出されたのが、今の社会だとしたら……なるほど、矛盾や欠陥だらけなのも納得のいく話です。

　まずは、自分の先入観や常識を疑ってみる。何が自分を縛っているのか？　本当にもっと幸せに生きられないのか？

　そういう意味での理想は高く持つ。それが大切なのではないでしょうか。

④ 常識を疑う

八切止夫という歴史作家がいます。彼は『信長殺し、光秀ではない』という本で、本能寺の変（1582年に織田信長が家臣明智光秀の謀叛によって殺された、とされる事件）は、実は明智光秀によるものではなく、ポルトガル人の爆薬によって、信長は本能寺もろとも髪の毛一本残さず吹き飛ばされたのだ、というユニークな自説を展開しました。この本は1967年に書かれたのですが、当然歴史学の世界で「荒唐無稽」とされ、名だたる教授たちによって攻撃されました。

興味のある方はぜひこの本をご一読いただきたいのですが、私が読んだ感じだと、論拠もしっかりしていて十分に説得力があるように思えるのですが、歴史学をやっておられる方からの批判は厳しいものがあります。というより、批判している人の文章を読んでいると、どうも頭から認めていないようで、「本当に本を読んだのか？」と思えるものも目立ちます。

このことについて、八切氏自身が面白いことを書いておられるので引用します(『信長殺し、光秀ではない』(作品社) p.226 より)。

「(教科書の歴史を否定することは)読者の頭に混乱を招くというより、それは彼らの受けた学校教育の冒瀆である。つまり、それ迄勉んできたり習ってきた事が、まるっきり違うと否定されては、何んの為に教育を受けてきたか判らなくなる。……」

私はわりとどんな異説でも論拠がしっかりしていれば、「あり得るかもな」と受け入れてしまうほうなので、そうでない人が世の中に多いのが納得できませんでした。しかし、この文章を読んで、「そうか」と腑に落ちるものがありました。

つまり、多くの人はどうも子供の頃から親や学校の先生など周囲の大人から「常識」(それが事実かは別として)として植えつけられた知識をもとにして世界観を構築しており、ひとたびその「常識」が揺らぐと世界観そのものも再構築しなくてはならなくなる……世界観が壊されるということは、いわばそれまでの人生を否定されるに等しい。そんなことは許すわけにはいかない(というか許せば頭がパニックを

起こしてしまう)。だから頭から否定してかかるのだ、と。

　どうも、多くの人の頭の中は、「良いか、悪いか」「正しいか、誤りか」「AならばBである」(例えば「年をとっている→えらい」「テストの点が良い→頭が良い」)というような、単純な思考回路で出来上がっているようです。それらは子供のころから形成されたものであり、言ってみれば「パブロフの犬」のような条件つけで出来上がったものです。大人の要求通りにやれば「良い子だ」、言うことをきかなければ「馬鹿。言うとおりにしろ！」私たちは子供のころからこのようにして育てられてきました(今日も電車に乗っていて、小さい子が騒いでいたのをお父さんが「馬鹿、やめろ」と叩いているのを目にしました)。こういうしつけは動物をしつけるのと同じようなものであり、暴力(たとえ軽くだとしても)や、脅しが入っているものです。そこには正当な理屈はありません。

　こうして人は思考力を奪われ、「人からどう思われるか？」「罰を逃れるためにはどうするか？」ということに縛られ、本音と建前を使い分けて生きるようになります。「人からどう思われるか？」という意識から生まれる建前(社会での振る舞い)と本音が分離してしまうのです。

これは、いわば人格分裂であり、この状態にあると人は（自覚のあるなしは別として）大変なストレスを抱えることになります。人前では立派そうにしていて、社会での地位もある人が、家族に暴力をふるったり、犯罪に手を染めたり……これは極端な例にしても、誰もが自分の心の暗い部分を持て余していると感じたことはあるのではないでしょうか。

　日本ではうつ病の患者や自殺者が増加傾向にありますが、カウンセリングや精神科医を増やす前に、こうした社会の価値観というものを見直さなければ、どうにもならないと私は思うのです。

　そこで、皆さんに提案したいのは、自分が一体どういう常識、固定観念に縛られているのかということを、よく見直してほしいということです。「本当にそれは、良い、悪いと割り切れるものか？」「正しいと感じたのはどうしてか？　人から植えつけられた価値観で判断していないか？」自分の思考を、一つ一つスキャンしていくのです。これはなかなか大変なことかもしれません。単純に「皆そうしてるから」「これが常識だから」と割り切るほうが、楽でしょう。

しかし、そうやってみんなが思考を放棄した結果、どうなったか？ それが今の社会のありさま、そして人間性の崩壊です。今日本には54基もの原発があり、1000兆円もの負債を抱え、国家破綻寸前の状態。にも関わらず、誰も「明日も今日と同じ1日がやってくる」と疑うことを知りません。無責任で平気で嘘をつくような人間ばかりになってしまいました。

このままでいいのでしょうか？ 是非、読者の皆さんには、常識、固定観念を捨て、物事を思考力をもって、ありのまま見つめるという姿勢を養ってもらいたいと思います。

❺ 幅広く知識を吸収する

前節で「常識を疑え」という話をしました。しかしここで勘違いしてほしくないのは、単にすべてを否定しろと言っているのではない、ということです。

いわゆる世間での「常識」や周囲の人たちが当たり前に思っていることについて、違和感があるならきっちりとどこが、どうしておかしいと思うのか、ということを自分の言葉で説明できなければなりません。ただ不満を言うだけでは、周りの人を不快にさせるだけで生産的ではありません。

もちろん、こちらの理屈がきっちりしていても、納得してくれない人もいます。むしろ、そういう人のほうが多いかもしれません。でも、自分なりにきっちりした考えあってのことなら、周りの反応がどうであろうと自分は納得できるはずだし、賛同してくれる人も必ずいることでしょう。

そこで、大事なことが幅広く知識を吸収するということ

第4章　受験生へのメッセージ

です。自分なりに思考していくためには、その材料となる知識が必要になることは言うまでもありません。

「受験に関係ない知識は必要ない」と思っていませんか？

　これは受験生なら当然の心理で、私もそうだったから批判はできませんが、少なくとも受験が終わって大学に入ってからは、「大学で教わらない知識は必要ない」では困ります。受験生の皆さんにお話しすべきことではないかもしれませんが、将来に向けて必要な話と思って、お読みいただけると幸いです。

　さて、知識を吸収するための手段として一番有効なのは何か、というと私は読書だと思います。他にも人の話を聞く、インターネットで調べるという手段もありますが、一番良いのは読書だと思います。

　なぜかというと、読書だと誰が書いたかがはっきりしているし、立ち止まって考えることができるからです。「この人は何を考えてこんなことを書いているのだろうか？　言っていることに矛盾はないだろうか？」と考える余地があるのです。

これが人の話を聞くとなると、流れていってしまうので、そうはいきません。しかも、相手にその場の主導権を握られてしまうと、どんなに相手がおかしなことばかり言っていても、逆らえなくなるおそれがあります。怒鳴りつけたりする相手もそうです。きちんとした考えを持った人の話を聞くのならいいですが、そうでない人のほうが多いくらいですから、あまり良い方法とは言えないでしょう。

　インターネットにしても、まず1つのサイトの情報量というのは、それほど多くはありません。本なら10ページくらいでしょうか。こんな情報量では広告くらいならいいでしょうが、きちんとした論理を展開することなどまずできません。

　おまけに誰が書いたのか、わからないような情報も多く、無責任にとんでもないデマを書き込んでいることも、ままあります。ですから、知識を得る方法としては、これもあまり良いとは思えません。

　その点読書なら、先程も書いたように、筆者が誰かわかっているからそんなにデタラメばかり書けない（はず）だし、

第4章　受験生へのメッセージ

活字の数百ページの情報量というのは、他の媒体の追随を許さないものがあります。もちろんどんな本を読むのかは、じっくり選ぶ必要がありますが、知識を得るには読書をすることが一番だということは、言えるかと思います。

　というわけで皆さんも受験が終わってからでいいので、本をたくさん読みましょう！　ということですが、このことに関係して、私が最近驚いたことがあります。

　アマゾンのランキングを見ていて、１位と２位がなんだったと思いますか？　両方とも美木良介氏の『ロングブレスダイエット』の本だったのです。別に本の内容を批判するつもりはないし、健康への関心が高まっていること自体は悪いとは思わないのですが、果たして日本人が一番読むべき本だろうか？　と考えたときに、私はどうしてもそうは思えないのです。日本人の活字離れが叫ばれて久しいですが、ああいう本（と言っては失礼かもしれませんが）ばかりがベストセラーになるようでは、世も末だという感じがしました。
　かと言って、他にベストセラーになるほどのインパクトのある本があるか？　と言われれば私も答えかねるのですが……。

まあいずれにせよ、皆さんには、読書を通じて幅広い知識を身につけ、思考力を鍛えてほしいと思います。

第4章　受験生へのメッセージ

❻ 「感謝しなさい」はおかしい

今、喫茶店にいます。隣りの席で２人のおばさんが話しているのを聞いていて、少しおもしろかったので書きたいと思います。

どうもこの２人はサラリーマンの奥さんで、高校生くらいの年代のお子さんをお持ちのようです。話の内容というのは単純で、「子供がなかなか言うことをきかない。できればいい職についてほしいと思っているのだが」ということでした。それで、話の中で繰り返しでてくる言葉というのが、「お父さんだって頑張って働いているんだから、少しは感謝して勉強しなさい、って言ってるんだけどね」「普通に暮らしているっていうのが、どんなに特別なことなのか、感謝が足りないのよ」などの「感謝しなさい」という言葉でした。

最近は、スピリチュアルなんかの本でも「生きる上で一番大切なのは感謝と愛」なんてよく書かれていて、「何事にも感謝しなくてはいけない」と思っている人が多いかもしれ

ません。私も「感謝をすること」自体は良いことだと思うのですが、あまりにも感謝という言葉を多用する人や、まして「感謝しなさい」などという論理を振りかざす人には、「おかしいんじゃないの？」と思います。

　そもそも、誰だって人から本当に必要なタイミングで助けてもらったり、良いことをしてもらった時には自然と感謝の念がわいてくるものです。それを「感謝しなさい」などと言うのは、相手が「感謝する」という人としては自然な情動も持ち合わせていない、欠陥のある人間だと思っているか、あるいは自分の行いが本当に相手にとって嬉しいのかということを考えずに「〜してやったんだから感謝しなさい」とエゴを押しつけているかの、どちらかです。これは、実に抑圧的で危険な思想ではないでしょうか？

　私も子供のころは、親や学校の先生なんかから、「お前は感謝が足りない」「俺はやるべきことはやってやった」とよく言われたものでした。当時から、「この人たちはなんて自己中心的なんだろう」と思っていましたが、それはそうでしょう。

　本当に大人で、上の立場にある人間なら、下の立場にある

子供が言う通りにやらなかったとしても、「どうして子供は言うことを聞かないんだろうか？　相手は何を考えていて、こちらは何が足りないんだろうか？」と相手の立場に立って考えるべきではないでしょうか？　それを、「お前は感謝が足りない」「俺はやるべきことはやった」と叱りつけたり、「世の中は厳しいぞ。お前みたいな態度でやっていけると思うなよ」と脅すのは、インディアンを力ずくでキリスト教に改宗させた西洋人のような、なんとも乱暴な力の論理です。

少し話はそれますが、西郷隆盛は明治維新から少し経ったころにある雑誌のインタビューの中で、次のように述べました。

「西洋は、野蛮である。西洋人が文明人ならば、我々未開人を力ずくで征服などせずに、優しくさとすように文明化を促すはずである。それが、中国や我国での彼らの振る舞いはどうだろうか？　西洋は野蛮であり、西洋人は、野蛮人である」と。

大人と子供も同じことではないでしょうか？　大人のほうが子供よりも長く生きているのだから、スキルや人生経験があるのは当然です。だからこそ、本当に精神的に成熟した

人間ならば、弱い立場で何も知らない子供に対してエゴを振りかざすのではなく、「どうやったら相手は心を開いてくれるだろう？」「お互いが良い結果になる方法は何だろう？」と考えるべきではないでしょうか？

「こっちはお前のことを考えて〜」や「これだけやってやったのに」はすべて自己満足に過ぎないのです。子供にものを教えたければ、相手も意志を持った、一人の人間だということを尊重すべきではないでしょうか。

「〜してやったのだから感謝しなさい」と言うのは、おかしいのです。

それから、スピリチュアルなんかの世界でやたらと「感謝」ということが言われるのにも一言。これは、人々に「もっと幸せな世界がある」ということに気づかせないような、抑圧的な教えではないでしょうか？「普通に生きられるのが幸せ。感謝しなくちゃ」こう言われると、人はより大きな幸せを求めなくなるし、むしろそのことに罪悪感すら感じるようになるでしょう。「ぜいたくは敵だ」と本質的には同じです。「感謝」という言葉は、もう少し慎重に使うべきでないでしょうか。

第4章 受験生へのメッセージ

❼

受験は早くクリアしてほしい

受験についても一言言いたいと思います。私は3章で数学の点が取れなかったと書きましたが、「数学が苦手」とは一度も書かなかったことにお気づきになったでしょうか？

なぜ私がこのような書き方をしたかというと、私が点を取れなかったのはあくまで「受験数学」であって、本当に数学が得意か苦手かという問題とはあまり（まったく、とまでは言いませんが）関係がないと思っているからです。私は数学を今のところは本格的に学んだことがないので、数学が得意か苦手かはわかりません。

受験の数学は、和田秀樹先生が『数学は暗記だ！』という本を書かれているように、結局は限られたパターンの問題を、いかに正確に解くか、ということを問われているにすぎません。「新しい問題を見たときに解決できるか？」ということではなく、「似たような問題を知っているか？」という

ことと、複雑な計算をいかに正確にできるか？　ということを問われているに過ぎないのです（若干の例外はあるかもしれませんが）。

　こういうやり方だと、例えば複雑な微積分や確率の問題が解けても、「それがどういう意味を持つのか？　何の役に立つのか？」ということがわからない人間しか出来上がりません。受験英語の難解な英語が読めても、実際はさっぱり英語が話せないのと同じことです。

　東大や医大に入ったような人の中にも、競馬やパチンコにのめり込んでしまう人がいますが、これなど受験数学が何の役にも立ってないことのいい例でしょう。競馬ならレースに出場する馬の頭数や、当選したときの賞金や、かけ金などで、得られるお金の期待値くらい簡単にわかるはずです。しかし、難解な入試の確率問題を解けるはずの彼らが、明らかに期待値がマイナスであるギャンブルにのめり込んでしまうのですから、おかしな話です。「期待値がマイナスなのはわかってるけど、好きだからやっている」と言っても同じことです。学んだことを活かさず、人生の時間とお金を浪費しているのですから、それを「役に立っていない」というのです。

第4章　受験生へのメッセージ

　さて、それでは数学って本当はどんな学問なの？　と言われると、私も正直わからないのですが、興味がある方は「ニュートン別冊」『数学パズル論理パラドックス──数理センスを磨く60問』などを読まれてみるといいと思います。17ページに東大の過去問で「二つの円と直線に接する円はいくつあるか？」という問題がありますが、これなどさすがは東大、いい問題を出すなと思いました。この問題には公式も計算も不要ですが、発想の柔軟さや問題解決能力をはかる内容になっていると思います。

　また、論理パラドックスにもぜひ挑戦していただきたいと思います。例えば、有名な「クレタ人のパラドックス」が紹介されています（p.118）。これは、クレタ人が「クレタ島民はうそつきだ」と言った……という自己言及パラドックスであり、その発言が本当であったとしても、うそであったとしても、矛盾が生じるというものです。こういう答えがあるかないかわからないような問題に対して、論理的に思考をするという訓練こそが、本当の数学なのではないかと思うのです。

　だから、くどいようですが「期待値マイナスだとわかっていてもギャンブルにのめり込む東大生」の行動は、まった

く論理的ではないし、数学的思考ができていないと言わざるをえません。

　数学に限らず、受験で問われる能力などというのは極めて限定的なものであり、それがあったからといって「頭が良い」まして人生で成功できるといった類のものではありません。ただそうは言っても、難関大学に入らないと手に入らない資格もあるし、勉強しづらいテーマもあることは事実です。あるいは、単純に「自分の力を試したい」ということで受験に臨もうとしている人もいるかもしれません。そういった動機は大変素晴らしいことだと私は思うので、皆さんに私が言いたいことは、「早く受験はクリアして、次のもっと大きな目標に向かって進んで欲しい」ということです。

8 今こそ新しい価値観が必要

さて、本章もそろそろ終わりに近づいてきました。総括の意味で、お話をしたいと思います。本章では、常識を疑えということや、大人の価値観、受験勉強に関して私なりの考えを書いてきました。

これらのことを通じて私が皆さんに訴えたいのは、「今こそ新しい価値観が必要である」ということです。良くも悪くも、今の時代は今までの価値観が崩れてきています。家族、地域のつながりは希薄なものとなり、学校では学級崩壊が起こり、無気力で将来に夢を見出せない若者たち、そして財政破綻という国家の危機に際しても責任を押しつけ合い、利権を守ることに躍起のエリートたち……。さらに昨年には震災によって物理的な意味でも崩壊が起き、またいつ東京にも直下型の地震が起こるか、予断を許さない状況です。

すべてが壊れてゆく……そんな感覚を持っているのは私だけではないでしょう。しかし、新しいものをつくり上げる

には、今まであったものを一度壊すプロセスが必要です。今まさに起こりつつある崩壊のプロセスは、古いものにしがみついていては正しく認識できないことでしょう。そう、明けない夜はないように、新しい時代の幕開けがすぐそこまできているのです。

　今こそ、新しい価値観が必要なのです。従来の「自分さえ、今さえ良ければそれでいい」という生存を第一にした価値観から脱却し、真に平等で自由な、誰もが幸せに生きられる社会を作ってゆかねばなりません。皆さんとともに、新しい時代を創り上げていけることを願ってやみません。

あとがき

　本書では、私は随分と思いきったことも書きました。あまり快く思わなかった方もいるかもしれません。受験本の範疇ではない部分もあったことでしょう。

　とにかくいろいろと書きましたが、この本を通じて私が一番皆さんに伝えたかったことは、「皆さんは自分の意思で、何にでもなれる」ということです。

　人生は人の数だけあるものです。聖者のような高潔な生き方、凶悪な犯罪者としての生き方、そして市井で平凡に生きる生き方……それぞれの人生がありますが、突き詰めていくと結局、自分で選択しているに過ぎないと気づきます。

　「そうは言っても俺は金のない家に生まれたから……」「今の環境だと時間がなくて……」「やっぱり人の目があるから……」言い訳をするのは簡単です。しかし、真剣に変えようと思えばそれらのものは変えられるはずです。少なくとも受験にはそれほどお金はかからないし、そして人生を変えられるチャンスでもあります。やはり今の日本だと、学歴が高いほうが収入の多い仕事に就くチャンスが多いのは確かですから。

　私は医学部を受験するのに４カ月の時間と10万〜20

万円のお金（受験料も含めて）しかかけませんでした。このくらいなら、本気になれば誰だって捻出できるはずです。「お金がない」「時間がない」という人に限って遊んだり、旅行にはちゃっかり行っているものです。私にはこういう人の頭の構造がさっぱり理解できません。論理的に破綻した行動ばかりで、脳が壊れてしまっているのかもしれません。

「そうは言っても、もともと頭が良かったんだろ」と思う人がいるかもしれません。たしかに素質という意味ではあったかもしれませんが、それは誰でも同じことです。頭も筋肉なんかと一緒で使えば鍛えられるし、使わなければ衰える。ただそれだけの話です。私がもともと人より記憶力が良かったとか、頭の回転が人より速かったということは決してありませんでした。今は少しずつ人並み以上のラインに近づいていると思いますが。20代の私だって短期間に伸びるのですから、おそらく私よりも若いであろう皆さんの伸びしろは計り知れないと思います。

「そんなに頭が良くなったって、仕方ないだろ」そう思う人もいるかもしれません。しかし、自分で思考する力のない人は、周囲に流される生き方しかできません。たとえ人から見ればうらやむような立場にあったとして

も、自分が浮草のように頼りない存在だとわかっているから、真の意味での充実感や満足感は得られないのではないでしょうか？　まして、今は社会がおかしな方向に進んでいる時代です。流されて行き着く先は、とんでもない場所かもしれません。

　本書の読者にはぜひとも思考力を鍛え、自分で人生を選択できる人になってほしいと心から願います。

　最後に、本の出版にあたって熱心にご協力いただいたエール出版社編集部の皆様に、心よりお礼申し上げます。

　　　　　　　　　　　　　2012/8/23　小林真也

■著者紹介■

小林　真也（こばやし・しんや）

'04年3月　　高校卒業
'05年4月　　一浪後、広島大学生物生産学部入学
'09年3月　　卒業
'09年4月　　札幌学院大学大学院臨床心理学研究科
'10年10月　中退し、医学部受験を決意
'11年4月　　札幌医科大学医学部医学科入学

**医学部受験
必勝のメンタリティー**　　　　　　　　　＊定価はカバーに表示してあります。

2012年11月1日　第1刷発行

　　　　　　　　　　　　　　著　者　小　林　真　也
　　　　　　　　　　　　　　編集人　清　水　智　則
　　　　　　　　　　　　　　発行所　エール出版社
〒101-0052　東京都千代田区神田小川町2-12
　　　　　　　　　　　　　　信愛ビル4F
　　　　　　　　　　　　e-mail：info@yell-books.com
　　　　　　　　　　　　　　電話　03(3291)0306
　　　　　　　　　　　　　　FAX　03(3291)0310
　　　　　　　　　　　　　　振替　00140－6－33914

© 禁無断転載　　　　　　　　　　乱丁本・落丁本はおとりかえいたします。
ISBN978-4-7539-3159-0

現役京大生が教える 入試数学の超効率的勉強法

増刷出来!!!

アマゾンランキング1位獲得

―「分かる数学」から「解ける数学」へ―

難関大まで力をつける重要な
定石、解法手順など解法テクニックが満載!

『数学ができる』＝『数学が分かる』＋『数学が解ける』
多くの参考書とは異なった『数学が解けるようになる!』と
いうことに主眼をおいた最新の参考書

「教科書や参考書では、ちゃんと理解しているはずなのに・・・」
「問題演習は十分に積んでいるのに・・・」
「1つ1つの問題もしっかりと考えて、すぐに
　答えを見ないようにしているのに・・・」
「何で数学が解けるようにならないんだろう。」

そんなあなたの悩みを解決する1冊!

ISBN978-4-7539-3001-2

本多翔一・著　　　　　　　　◎定価1575円(税込)

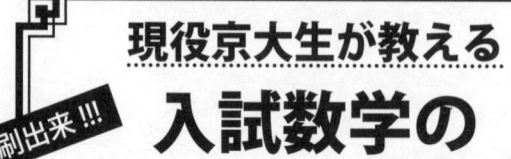

大学受験の教科書

普通が最短であることを伝える。
受験対策を体系化し、**学力を解剖。**
数百名の難関合格を生み出している受験の解体新書

大反響
改訂3版!!

> 読むとなぜか「勉強したい」という気分にさせられる本である。
> 灘高等学校教諭　木村達哉氏推薦

序章　学習方法を正しく利用するために

1章　学習方法の原則

2章　学習体制の管理

3章　科目別対策各論

4章　予備校・通信教材の利用法

5章　志望校決定法

6章　本番への道標

終章　今、合格への階段を

ISBN978-4-7539-3156-9

上雲　晴・著　　　　　　◎定価1680円(税込)

テーマ別演習
入試数学の掌握

理Ⅲ・京医・阪医を制覇する

東大理Ⅲ・京大医のいずれにも合格するという希有な経歴と説得力を持つ授業で東大・京大・阪大受験生から圧倒的な支持を受ける

● テーマ別演習①　総論編

Theme1　全称命題の扱い

Theme2　存在命題の扱い

A5判・並製・216頁・1575円（税込）

ISBN978-4-7539-3074-6

● テーマ別演習②　各論錬磨編

Theme3　通過領域の極意

Theme4　論証武器の選択

Theme5　一意性の示し方

A5判・並製・288頁・1890円（税込）

ISBN978-4-7539-3103-3

近藤至徳・著

現役医師が教える
大学受験・医学部受験で合格を現実にする10の法則

確実に実力UP！
各教科の具体的勉強方法

法則1★志望校を定める

法則2★精神的な安定を得る

法則3★少しでも合格する確率をあげる意識

法則4★「意識的に」集中する

法則5★総合点という考え

法則6★伸びる科目と伸びにくい科目を知る

法則7★最後の最後まで合格する確率をあげる

法則8★量をこなす

法則9★教材について意識する

法則10★志望校の完全対策………など

ISBN978-4-7539-3134-7

佐藤善啓・著　　◎定価1680円(税込)〈送料別〉

東大生が教える 今まで誰も教えてくれなかった
本当の東大入試完全攻略法 増補改訂版

今まで知りたくても知ることができなかった東大受験情報が満載の1冊!!

第1章★東大が要求する答えを知ろう
　　　―各科目の勉強方法

第2章★全国トップレベルの模試成績はこうして生まれる
　　　―東大に合格する人は模試をこう活用する

第3章★東大受験生にとってセンター試験とは何か
　　　―東大受験生のための賢いセンター試験対策

大好評
改訂版出来!!

第4章★ここで差がつく!!東大入試本番
　　　―受験本番ドキュメント

第5章★東大生のデータから合格法を読み解く
　　　―東大生へのアンケート

ISBN978-4-7539-3124-8

小森勇希／進藤彰人
澤柳　昴／杉原洋紀

◎定価1680円（税込）

現役京大生が教える
今まで誰も教えてくれなかった
京大入試の超効率的勉強法

**今まで知りたくても知ることができなかった
京大受験情報が満載の1冊!!**

- 第1章★ライバルに差をつける究極の勉強法
- 第2章★京大合格のための究極の勉強法
  ―効率的な勉強法を目指せ！
- 第3章★京大合格の科目別攻略法
  ―各科目の具体的な勉強法
  - 〔英語〕究極の勉強法
    - 京大和訳の解答パターン
    - 京大英訳の解答パターン
  - 解法のフローチャート
  - 〔数学〕究極の勉強法
    - 京大数学の解答パターン
    - 定石、解法テクニック、解法手順の紹介
    - 京大数学で点数を稼ぐポイント
  - 〔化学〕究極の勉強法
  - 〔物理〕究極の勉強法
  - 〔国語〕究極の勉強法

大好評
増刷出来!!

ISBN978-4-7539-2913-9

本多翔一・著　　　◎定価1575円（税込）

素人のあなたも本を書いてみませんか

- あなたの貴重な体験、研究、感動を本にしてみませんか
- 大学受験、私のユニークな勉強法など受験生に役立つ情報を本にしてみませんか
- 予備校、塾の先生からのご応募も大歓迎!!
- 採用された原稿には原稿料・印税をお支払いします

素人でもベストセラーが書ける!
★エール出版社
お気軽にお問い合わせください

〒101-0052 東京都千代田区神田小川町2-12
信愛ビル4F
TEL:03-3291-0306
FAX:03-3291-0310

e-mail:edit@yell-books.com
ホームページ:http://www.yell-books.com